语林啄木

金文明 著

漓江出版社

图书在版编目(CIP)数据

语林啄木/金文明 著.—桂林:漓江出版社,2012.4(2020.7 重印)
(中国文化通识小丛书)
ISBN 978-7-5407-5611-6

Ⅰ.①语… Ⅱ.①金… Ⅲ.①汉语-语言学-文集 ②汉字-文字学-文集
Ⅳ.①H1-53

中国版本图书馆 CIP 数据核字(2012)第 040891 号

策　　划:郑纳新　张玉琴
责任编辑:宋婧怡　谢　阅
封面设计:李星星

出版人:刘迪才
漓江出版社出版发行
广西桂林市南环路 22 号　邮政编码:541002
网址:http://www.lijiangbook.com
全国新华书店经销

三河市腾飞印务有限公司印刷
开本:650mm×960mm　1/16
印张:20.75　字数:167 千字
2012 年 4 月第 1 版　2020 年 7 月第 3 次印刷
定价:44.00 元

目 录

辨字析词

辨音正读

引书指谬

文史杂考

争鸣求是

辨字析词

“效尤”是个贬义词

2007年11月24日《文汇报》刊登的《美国导演：叫板传统制片人制》一文中写道：

> 执导让亚佛列克有了用武之地，并且一炮打响，其他青年影星必定效尤，相信美国影坛上像这样“演而优则导”（以及“演而优则制”）的将越来越多。

这段文字的意思很清楚：执行导演的职业让影星亚佛列克有了用武之地，并且一举走红，其他的青年影星必然以他为榜样，也去学习做导演，相信美国影坛上像这样因演技优秀而成为导演（或制片人）的人将越来越多。

以上所说的青年影星以亚佛列克为榜样，“也去学习做导演”，应当是一件追求创业成功的好事，把这样的行为说成是“效尤”，显然用错了。

尤，古代有过失、错误的意思。《诗经·小雅·四月》：“废为残贼，莫知其尤。”郑玄笺：“尤，过也。”又《左传·僖公二十四年》：“尤而效之，罪又甚焉。”这句话的意思是说：明知是错误却又去仿效它，罪就更大了。后来人们将“尤而效之”概括成“效尤”一词，用来表示学习、仿效错误的行为，含有明显的贬义。因此前面所引《文汇报》那篇文章中的“效尤”，应当改为中性的“模仿”或“仿效”才对。

（原载《咬文嚼字绿皮书》）

“坐阵”应为“坐镇”

《陈丕显回忆录——在“一月风暴”的中心》一书写道：

> 眼看打、砸、抢没了对手，挑动武斗、摧毁“赤卫队”的一切阴谋将破产，坐阵北京幕后指挥的张春桥急忙打电话给他的老婆李文静说：“‘赤卫队’要夺取胜利果实，造反派不能置之不理，你能不能把我的意思告诉他们？”

在这段文字中，“坐阵北京幕后指挥的张春桥”一语里的“坐阵”显然用错了，应当改为“坐镇”才对。

查《汉语大词典》（以下简称《汉大》）收有“坐陈”条目，“陈”通“阵”，音 zhèn，“坐陈”就是“坐阵”。从《汉大》“坐陈”（zhèn）条所收的义项来看，它有“临阵参战”、“驻扎时所布之阵”、“守卫阵地”等意思，都是不及物动词，后面不能带宾语，所以《陈丕显回忆录》的“坐阵北京”显然有语病，不能成立。

《汉语大词典》也收有“坐镇”条目，共列了两个义项：

> ① 安坐而以德威服人。南朝梁任昉《为萧扬州荐士表》：“暕坐镇雅俗，弘益已多；僧孺访对不休，质疑斯在。”……唐李肇《唐国史补》卷下：“……其后贞元末年，得高贞公郢门下，亦足坐镇风俗。”
>
> ② 官长亲自在某地镇守。巴金《灭亡·革命党被捕》：“这里除了有外国人统治的租界以外，还有管辖五省、坐镇金陵的孙联帅底军队。”

从以上两个义项中的三个用例来看，“坐镇”与“坐陈（阵）”显然不同，“坐镇”是及物动词，后面都能带宾语，如“坐镇雅俗”、“坐镇风俗”、“坐镇金陵”。特别是第②义项书证中的“孙联帅”，人在金陵而管辖五省，可以称之为“坐镇金陵”，那么，“文革”期间人在北京而幕后指挥上海造反派的“张春桥”，自然也可称之为“坐镇北京”。这里的“坐镇”是不能写成“坐阵”的。

（原载《咬文嚼字绿皮书》）

“服膺”不能作“服赝”

现在经常看到有人把“服膺”错写成“服赝”，例如：

辜鸿铭服赝、推崇我国的固有文化。他认为：“英国人博大而不精深，德国人精深而不博大。唯有中国，既博大而又精深。”（《“文化怪杰”辜鸿铭的东西南北》，载2007年第4期《教师博览》第40页）

“服膺”是个古汉语词，出现得很早，始见于《礼记·中庸》：

得一善，则拳拳服膺而弗失之矣。

朱熹集注云：

服，犹著也；膺，胸也。奉持而著之心胸之间，言能守也。

朱熹的注说得很清楚："膺"指人的心胸。"服膺"就是牢记在心里，衷心信服。

"赝"义为"假、伪造"，是个后起字，但它的古字作"鴈"、"雁"，却出现得很早。《韩非子·说林》：

齐伐鲁，索谗鼎，鲁以其鴈往。齐人曰："鴈也。"鲁人曰："真也。"

这里的"鴈"就是"假"的意思。为什么"鴈"有"假"义呢？清吴景旭《历代诗话·赝本》说：

鹅酷似雁，而德不然，故凡以伪乱真者曰雁……陆机云："人莫分于真雁。"韩愈诗："居然见真雁。"古乃以雁为赝，亦借用也，今作赝。

吴景旭关于"鹅酷似雁"的说法，是否确有依据，未见前人记载，只能聊备一说。但《韩非子·说林》中的"鴈"字释为"假"义，则是毫无疑问的。

由于古代曾经以"贝"为钱币，古人造字时，凡是与钱有关的字大多从"贝"，如：贡、财、责（债）、货、贷、账、贩、贪、贫、购、贮、贯、贵、贱、贳、买（買）、卖（賣）、贸、费、贾、贿、赂、资、赁、赃、赈、赊、赏、赐、赔、赠等。收藏或经营古器、珍玩的人极其重视真伪的辨别，一旦被人以假乱真上了当，将会造成经济上的巨大损失。所以人们就在“鴈（雁）”字下加上“贝”字，造了个“贗（赝）”字表示“假”义。从词典提供的书证来看，“赝”字的最早出现，大概是在南北朝。

“膺”和“赝”虽然字形比较相近，但“膺”读 yīng，“赝”读 yàn，音既不同，意义则差得更远，认真加以辨识，还是可以分清的。希望以后别再把“服膺”误写成“服赝”。

（原载《咬文嚼字绿皮书》）

“聊聊”与“寥寥”不能相混

2007年第4期《教师博览》刊登的《管建刚的教育世界》一文写道：

> 每天，孩子们要写一则“每日简评”，聊聊数语，建刚说：这是让孩子们学会发表与积累。

这里，“聊聊数语”的“聊聊”显然用错了。

按照上下文意来推断，“聊聊数语”就是“不多的几句话”，“聊聊”应当是“少、不多”的意思。但“聊”字单用不作形容词，可以当动词“谈、闲谈”讲，如“闲聊”、“聊天”等。“聊”重叠成“聊聊”，仍然是动词，如“咱俩聊聊天”，绝对没有“少、不多”的意思。

与“聊”同音的有个“寥”字，是个形容词，表示“少、稀少”，如

“寥若晨星”。“寥”重叠成“寥寥”，意义和词性并没有改变。文章中经常可以看到“寥寥数语”的说法。可能就因为“聊聊”与“寥寥”的读音相同，作者一时大意，把两者混淆起来了。

（原载《咬文嚼字绿皮书》）

“行伍”与“行武”不是一码事

2007年10月29日《解放日报》刊登的《中国人最易误解的文史常识》一文写道：

> 潘美行武出身，直接参与了拥立赵匡胤称帝的陈桥兵变。

解放前，人们常称当过兵的人是“行伍出身”，上引的例句中把“行伍”写成“行武”，显然搞错了。

“行伍”一词出现得很早，大概在先秦时代就见之于典籍了，例如：

> 《荀子·乐论》：“带甲婴軸，歌于行伍。”

“行”和“伍”本来都是军事用语，古代兵制规定：五人为伍，五伍(二十五人)为行。例如：

> 《周礼·夏官·诸子》：“合其卒伍。”郑玄注：“军法百人为卒，五人为伍。”
>
> 《左传·隐公十一年》：“郑伯使卒出豭，行出犬、鸡。”杜预注：“百人为卒，二十五人为行。”

正是由于“行”和“伍”都是古代的军事编制，所以后人就将“行伍”用来指称军队。

“行武”是由“行”和“武”组合而成的，“武”可以指武力、兵器等，虽然也跟军事有关，但不用于军队编制，与“行”搭配组成“行武”后，似乎可以理解为“行使武力”。这样，“行武”就是动词，“行”读 xíng；“行伍”则是名词，“行”读 háng，二者是音、义和词性都不同的两个词，不能互相混淆。作为动词的“行武”后面跟上个“出身”，根本就讲不通了。

(原载《咬文嚼字绿皮书》)

泥土不用“杯”来量

《史记·李斯列传》收录了一篇著名的李斯上秦王书，此文后来被收入《昭明文选》，题为《上秦始皇书》，又收入《古文观止》，改题为《谏逐客书》。其中有两句流传千古的名言：

> 太山不让土壤，故能成其大；河海不择细流，故能就其深。

这两句话由于经常被用来比喻伟大功业的建立，要从点滴的积累开始；或者比喻人的器量宏大，能够包容一切，所以几乎成了众所周知的格言。但人们在引用时，往往会改动或增删个别的字词，有时甚至把句子次序也加以变化，因而逐渐出现了一些不同的文本，例如：

太山不让砾石，江海不辞细流，所以成其大也。（《韩诗外传》卷三）

海不让水潦以成其大，山不让土石以成其高。（《淮南子·泰族训》）

泰山不辞土壤，故能成其高；河水不择细流，故能就其深。（洪秀全《原道醒世训》）

以上这些变动，并不影响对原意的理解，因此都是可以的。但下面这篇文章中引用的个别字词就有问题了。

2007 年 3 月 23 日《中国老年报》载《我与华君武的笔墨之缘》：

泰山不拒杯土，方能成其高；江河不择细流，方能成其深。

这里前一分句中的“杯土”，古例中或作“砾石”，或作“土石”，或作“土壤”，都是泛称，现在改成“杯土”，表示量很少，本来也可以。但“杯”一般只盛水而不盛土，用“杯”字作计算泥土的量词，实在闻所未闻。古代有“一抔土”的说法，如《汉书·张释之传》：“取长陵一抔土。”抔，音 póu，本义指用手捧取，后借来作手捧泥土的量词。由于现代汉语中“抔”字已基本不用，而常用的“杯”又与“抔”字形相近，于是作者便将“抔土”误成了“杯土”。这样的粗心实在是不应该的。

（原载《咬文嚼字绿皮书》）

“阙”能用作量词吗?

余秋雨先生在《中国戏剧史》第五章“传奇时代”二“新样式的更替”中写道:

> 高明把这样一阙《水调歌头》写在《琵琶记》的开头……
>
> 这阙短短的词,相当系统地阐述了他的文艺观。(2006 年版第 167 页)

这里两次出现“阙”字,都是作为量词来使用的。这种情况,我在其他的文章中也多次见到过。“阙”字能用作量词吗?

查一下《汉语大字典》可以知道,“阙”基本上是个古汉语词,义项较多。其本义是指宫门外两边的楼台,中间有路可供出入。后来引申出宫殿、帝王居住之处等意义。喜欢唐宋诗词的人，一般都读过李白《忆秦娥》词中“西风残照，汉家陵阙”和岳飞《满江红》词中“待从头收拾旧山河，朝天阙”等名句，对“阙”字的这个常用义应当是有所了解的。但无论在散文或诗词中，“阙”却从来没有被作为量词使用过。

其实，古人用来表示词和歌曲的量词应当用“阕”。“阕”既可表示名量，如宋李弥逊《醉花阴·硕人生日》词：“一觞一阕《千秋岁》。”“一阕”即“一首”。又可表示动量，如《平山冷燕》第一回：“乐奏三阕，酒行九献。”“三阕”，即“三遍”。可见作者文章中的两个“阙”字都应当是“阕”字之误。

“阕”误作“阙”的原因，主要有以下几点：

其一，“宫阙”的“阙”与“一阕”的“阕”读音相同，都念 què，而且两者的字形也比较相近，容易混淆。

其二，“阙”字在古代散文和诗词中比较多见，特别是前面提到的李白和岳飞的两首词，人们一般都读过，而“阕”字则很少看到，“阕”容易被误写或误排成“阙”。

其三，“阕”误作“阙”，经常在报刊以至学术著作中出现，人们看多了以后，容易习非成是，误“阕”为“阙”。

最后提一下，余先生这部 2006 年版的《中国戏剧史》，是他 1985 年版《中国戏剧文化史述》的修订本。我查了原来的那个本子，两处也都作“阙”。这说明确实是作者误用了，不是排校疏忽造成的差错。所以特作此文，希望余先生能引起重视，加以纠正。

时间不能说“邻近”

2008年2月4日《京华时报》刊载《萨科齐夫妇婚前财产协议》一文中说：

> 由于最近盛传萨科齐婚期邻近，许多摄影记者守在巴黎各处市政厅，等候拍下总统结婚的一手照片。

以上“婚期邻近”中的“邻近”，显然用错了。

“邻”本指古代计算人户的单位。《周礼·地官·遂人》：“五家为邻，五邻为里。”这是说，周朝的时候，住在一起的五家人家，合称为一邻。五邻人家（即二十五家），合称为一里。此外，也有称八家或四家为一邻的。由于同一邻的人家住得很近，后来就用“邻近”这个词来表示两者的空间距离相近。例如：

《二十年目睹之怪现状》第二十五回:“一天邻近地方失火,他便忙着搬东西。”

陈田《明诗纪事丙签·陈音》:“师召与顾东江居相邻近。”

以上两例中的“邻近”,前者表示“附近”,后者表示“距离接近”,指的都是空间,不是时间。而本文开头所引那个例句中的“婚期邻近”,“婚期”属于时间概念,不能与表示空间概念的“邻近”搭配。

其实,婚期的“接近”应当用“临近”才对。因为“临近”既可指地点靠近(如:临近大街,临近江苏),也可表示时间接近(如:春节临近,大选临近)。“婚期”既然是时间概念,理应用“临近”。

(原载《咬文嚼字绿皮书》)

“亲和力”不宜写作“亲合力”

2007年9月25日《北京商报》刊登的《多曼斯基带来了什么?》一文写道:

> 尽管接手中国队才5个月,但这个传说中的“瑞典女魔头”并未施展“魔法”,而是用自己的亲合力赢得了球员们的一致喜爱。

这里的“亲合力”显然用得不妥,应当改为“亲和力”。

“亲和力”是由“亲和”与“力”两个成分组合而成的,而“亲和”一词,其实古已有之。例如:

> 《史记·五帝本纪》:“契主司徒,百姓亲和。”

这里的“亲和”是指百姓之间“亲爱和谐”，或说“亲密和睦”。“亲”与“和”是两个意义相近的形容词，组成的“亲和”也是个形容词。现代汉语又将“亲和”与“力”组成复合名词“亲和力”，表示“使双方或各个方面关系都能亲爱和谐的力量”。从“亲和力”的组合成分看，它们都来自古汉语，合成后表意明确，顺理成章，不会引起歧解。

而“亲合力”就不一样了。“亲合”是什么意思呢？“亲”可以表示“亲爱”、“亲密”，但“合”只是把不同的对象放到或凑到一起，能否成为一个亲爱和谐或亲密和睦的新集体呢？其答案是不一定、不可知的。因此，自古以来，压根儿就没人用过“亲合”这个词。现在再把“亲合”与“力”凑在一块儿使用，就难怪大家要看着不顺眼了。

（原载《咬文嚼字绿皮书》）

“和盘托出”与“合盘托出”

2006年7月21日《天府早报》刊登的《万华发动RBD商务引擎》一文写道：

> 近日，记者从有关部门获悉，辐射区达到6平方公里的RBD区域将首次合盘托出，交给一家有实力的公司进行整体拆迁和规划。

有读者看后提出：这里的“合盘托出”写得对不对呢?

查一下刘洁修先生编著的《汉语成语考释词典》，其中只收“和盘托出”而未收“合盘托出”。该词典在“和盘托出”条下分列了两个义项并举例说明，现引录如下：

①端东西时连盘子一起端出来。指全部拿出。元·明本述《天目中峰和尚广录》一六：今日特为你起模画样，和盘托出……

②比喻把意思或事情的经过毫无保留地说出来。《醒世恒言》三〇：他一时翻过脸来，将旧事和盘托出……

在这两个义项之后，该词典还交代说：

又作〔满盘托出〕，满：全。《二刻拍案惊奇》二二：无尘见满盘托出……

又作〔全盘托出〕，全：整个；完全。《官场现形记》三九：他得到这信息……将此情由全盘托出。

"和盘托出"的"和"，可以解释为"连着"，也可解释为"全，整个"。因此"和盘"被写作"满盘"或"全盘"是有其字义上的关联的。那么，"合盘"的"合"也有"全，整个"的意思，为什么就没有人用呢？

其实，"合盘托出"还是有用例的。朱祖延先生主编的《汉语成语辞海》就在"和盘托出"条下交代"亦作〔合盘托出〕"，并引录了古今两条书证：

清·李光庭《乡言解颐·地部婚姻》："鄙夫欣羡之眼，败家妇不足之心，合盘托出。"

刘心武《写在水仙花旁》:“我很为你恳挚纯真的感情,无保留合盘托出的气度和敏锐深入的思考所打动。”

看来“和盘托出”与“合盘托出”可以算是一组异形成语,今后应当加以规范。目前,从这个成语的初始形式及其使用频率来看,我建议将“和盘托出”定为正式,而少用或不用其变式“合盘托出”。

"睢鸠"还是"雎鸠"?

"且"和"目"是两个形音义都不同的字,一般不会混淆,以它们作偏旁的"苴"、"沮"和"苜"、"泪",也很少看见有人搞错的。但对"雎"、"睢"二字来说,情况就不一样了。请看下面的例子:

> 余秋雨《苦旅余稿·诗人是什么》:我喜欢它的睢鸠黄鸟、蒹葭白露,喜欢它的习习谷风,喜欢它的静女其姝、伊人在水……而更喜欢的,则是它用最干净的汉语短句,表达出了最典雅的喜怒哀乐。(《收获》2007 年第 5 期)

作者在这里写到《诗经》中的许多篇目和词语,"睢鸠"就是其中的一篇。但《诗经》的原文明明是"雎鸠",作者却把它误成了

“睢鸠”,这是怎么回事呢?

睢,音 huī,《说文・目部》云:“睢,仰目也。从目,隹声。”由于“睢”字从目,故其意义与“目”有关。右旁的“隹”,本义虽指短尾的鸟,但在这里只作声符用,所以“睢”义与鸟无关。又“睢”另一音读 suī,为地名用字,“睢县”在河南。也用作姓氏。此音也与鸟无关。

雎,音 jū,从隹,且声。“隹”作义符。故“雎”本义指一种鸟,全称王雎或雎鸠,今名鱼鹰。

《诗经・周南・关雎》中写的是“关关雎鸠,在河之洲”,显然指栖息在河洲上的一种鸟类,因而其字只能写作“雎”,而不会是与鸟无关的“睢”。可能作为偏旁的“且”那下部一横因偏斜而缩短,看上去跟“目”有点相近,再加上现代的“雎”、“睢”二字都比较冷僻少用,所以余秋雨先生才把“雎”误成了“睢”。

(原载《咬文嚼字绿皮书》)

“入毂”应当作“入彀”

2006 年 8 月 17 日《法制晚报》刊登的《业主是客户还是赚钱工具》一文中说：

> 很多业主就是在开发商这样的经营心态中入毂的，当他们明白过来时，便不得不走上一条艰难的维权之路。

仔细地捉摸上述引文的含意，就可以知道这里的“入毂”一词指的是“上当”、“入圈套”。“入毂”能表示这样的意思吗？

“毂”音 gǔ，是车轮中心有圆孔、可以插轴的部分。“入毂”无非表示把车轴插入毂中，这样就可以承载整个车厢的重量。但它是无法引申出“上当”、“入圈套”的意思来的。在所有的典籍和词书中，也从来找不到“入毂”这一词语和条目。

其实，读过一些古代文史书籍的人，一般都可以猜测到，这里的“入彀”应当是“入彀”之误。

“彀”音 gòu，《说文·弓部》云：“彀，张弩也。”其本义是张满弓。把弓拉满以后射出的箭，可以到达其力所能及的最远处，因此“彀”也引申指箭所能射及的范围。《唐摭言·述进士上篇》记载了一件有关“入彀”的故事和一句长期流传的名言：唐太宗通过科举考试选拔人才，当他来到端门，看见新进士们鱼贯而入的时候，不由高兴地说：“天下英雄入吾彀中矣！”这句话后来就被概括成“入彀”一词，用来比喻天下的人才被网罗笼络，都在掌握之中。

随着社会语言运用的发展，大概到了清代，“入彀”又引申出了新的义项：中圈套，受骗上当。这里举两个例子：

> 李渔《凤求凰·先醋》：“只要你赚鸳鸯，引他入彀，便是良媒。”
>
> 《二十年目睹之怪现状》第五回：“这等骗术，任是甚么聪明人都要入彀。”

对照这两个用例，足证本文开头所引《法制晚报》那篇文章中的“入毂”显然是写错了。

希望今后的作者要分清“彀”、“毂”两字形状和读音的不同，别再把“入彀”误写成“入毂”。

（原载《咬文嚼字绿皮书》）

“吾无然间矣”是什么意思？

赵丽宏先生的论诗佳作《玉屑集》中有一篇《美人之美》，其后面所附的“题画书法”页写道：

> 所谓美人者，以花为貌，以鸟为声，以月为神，以柳为态，以玉为骨，以冰雪为肤，以秋水为姿，以诗词为心，吾无然间矣！

这段文字，用了一组排比句，从各个方面对美人作了丰富而形象的刻画和描写，读来令人神往。可惜最后一句总括性的表态的话写错了。

“吾无然间矣”，正确的说法应当是“吾无间然矣”。这是一句典故性引语，源出《论语·泰伯》：

子曰："禹，吾无间然矣！菲饮食，而致孝乎鬼神；恶衣服，而致美乎黻冕；卑宫室，而尽力乎沟洫。禹，吾无间然矣！"

朱熹集注说："间(jiàn)，罅隙也，谓指其罅隙而非议之也。菲，薄也。……黻(fú)，蔽膝也，以韦为之；冕，冠也，皆祭服也。"

据此，我们可以将上引《论语·泰伯》的原文翻译如下：

孔子说："对于禹，我没有什么可说的了。他的饮食很菲薄，而祭祀鬼神的祭品却非常丰盛；他平日衣着简朴，而祭祀时所穿的服装却非常华美；他住的宫室很卑陋，而却竭尽全力地去办农田水利。对于禹，我的确没有什么可说的了。"

后世的学者大多熟习并喜欢引用《论语》中的话。他们在描写了一些人或事物的种种好处以后，往往会接下来感叹地说："吾无间然矣！"表示自己非常满意，已经没有什么可说的了。把"间然"(然，相当于"焉"，语气助词)颠倒成"然间"，就让人无法理解了。

(原载《咬文嚼字》2009年第11期，署笔名文质彬)

别把“不以为意”跟“不以为然”混为一谈

“不以为然”与“不以为意”是两个外形相似而意义不同的成语。《现代汉语词典》对它们的解释是：

【不以为然】不认为是对的，表示不同意（多含轻视意）。

【不以为意】不把它放在心上，表示不重视，不认真对待。

由于这两个成语写起来只有一字之差，所以现在经常有人把它们混为一谈，例如：

一般来说，房产不好，股市一定好，等房产好起来，股市就要坏下去，而上海这地方，房产低落只是暂时，总的趋势是向上走。老二老三则不以为意，认为股市是靠不住的，其实是由政府决策左右，不跟经济规律走。（《遍地枭雄》第42页，上海文艺出版社）

在以上引文中，作者用了“不以为意”这个成语，让人不好理解。因为在写老二老三“态度”的前面讲了上海股市的发展趋势，后面则是谈对上述判断的不同看法，所以中间的成语应当是“不以为然”。只有否定了前句，才能顺理成章地引出后句。“不以为意”则表示对前面所说的情况不放在心上，那后面的不同看法就根本用不着去说了。前后的话显然是脱节的。

（原载《咬文嚼字绿皮书》）

严嵩的儿子不叫"严世藩"

学过《明史》的人都知道,明朝有个臭名昭著的大奸臣叫严嵩。严嵩有个儿子,倚仗其父的权势,卖官鬻爵,贪赃枉法,可谓无恶不作,后来遭到御史弹劾,被逮捕处死。这个儿子究竟叫什么呢?我们且来看看几位作家、学者是怎么说的。

余秋雨《风雨天一阁》:"[范钦]公然冒犯权奸严氏家族,严世藩想加害于他,而其父严嵩却说:'范钦是连郭勋都敢顶撞的人,你参了他的官,反而会让他更出名。'"(《文化苦旅》第133页,东方出版中心1992年3月版)

王春瑜《贪官与名画》:"[严嵩]权倾朝野,贪赃枉法……其子严世藩,号东楼,短项肥体,眇一目,可谓人模狗样。"(《炎黄春秋》2007年第4期)

梅毅《大奸臣严嵩的凄凉晚景》:“身为御史的邹应龙忽上奏章,弹劾严世藩贪污受贿等不法之事。但奏章当时未敢即连严嵩,只讲他‘植党蔽贤,溺爱恶子’。”(载《读者导报》2007年3月30日)

三篇文章,无一例外,都把严嵩儿子的名字写成了“严世藩”。然而查一下《明史·严嵩传》,他的儿子分明是“严世蕃”。其他所有的历史人名大辞典也都只收“严世蕃”而不收“严世藩”。“蕃”“藩”二字虽然形、音相近,但意义有别:蕃,本义为“草茂盛”;藩,本义为“屏障”。虽然“蕃”偶尔被用作“藩”的通假字,但用于人名是不应该任意混淆的。如:东汉名士陈蕃不能写作“陈藩”,清代学者江藩不能写作“江蕃”。为了避免名人、学者的差错误导读者,我感到有必要把这个可能即将“约定俗成”的问题提出来,希望能引起大家的注意,不要再把“严世蕃”错写成“严世藩”了。

(原载《咬文嚼字》2007年第6期,署笔名曾史)

夏桀的妃子叫“妹喜”吗?

姜杉先生在《“迷惘”的不仅仅是“云雨”》一文中写道:

> 中国古代封建社会,因“红颜”而引起更朝换代的事件,诸如妹喜亡夏、妲己亡殷、褒姒亡周等,已广为人知……(《文学自由谈》2008 年第 1 期第 142 页)

这段文字中提到了历史上三个王朝末代君王的后妃:夏桀的“妹喜”,殷纣的“妲己”,周幽王的“褒姒”。其中“妲己”、“褒姒”的名字都正确无误,但“妹喜”却写错了。“妹”应当作“妺”。“妹”和“妺”字形十分相近,但音义有别。“妹”字右旁为“未”,读 mèi,义为同父母而年龄小的女子;“妺”字右旁为“末”,读 mò,只用于“妺喜”这个人名。由于“妺”字冷僻少见,许多人在书写时会把它误成常用的“妹”，甚至有些学者也难以避免。看来对此做一点考证和辨析是有必要的。

其实，在古代较早的字、韵书中，“妹”和“妺”本来分得很清楚。例如：

《玉篇·女部》：“妹，莫背切(mèi)。《尔雅》曰：‘女子后生为妹。’”“妺，莫葛切(mò)。妺喜，桀妻也。”

又如：

《广韵·队韵》：“妹，姊妹。莫佩切(mèi)。”

《广韵·末韵》：“妺，妺嬉，桀妃。莫拨切(mò)。”

由于“妺”和“末”、“喜”和“嬉”古时读音相同(“嬉”用于人名读 xǐ)，因此在不少文史典籍中，“妺喜”这一人名，还被书写成“妺嬉”、“末喜”、“末嬉”等多种不同的形式。例如：

《国语·晋语一》：“昔夏桀伐有施，有施人以妺喜女(音 nǜ。以女嫁与)焉。”

《楚辞·天问》：“妺嬉何肆？汤何殛焉？”

《史记·外戚世家》：“桀之放也以末喜。”

《吕氏春秋·慎大》：“桀迷惑于末嬉。”

以上所引的文献和考辨证明，夏桀的妃子名叫“妺喜”，“妺”读

mò,与"末"同音,也可以写作"末",但不能与读 mèi 的"妹"相混。将"妺喜"写成"妹喜"是错误的。

不过,值得引起重视的是,"妺""妹"相混,不仅见于姜杉先生一例,在不少近人整理校订的古籍中也时有发现。例如中华书局 2002 年出版的徐元诰《国语集解·晋语一》中,几处"妺喜"都错成了"妹喜"。特别是集解所引的下面一句:

宋庠曰:"妹音莫拨反。"

宋庠是北宋的学者,著有《国语补音》三卷。上面这一反切,就是从《国语补音》中转引来的。"莫拨反"切成今音明明读 mò,足证前面被注音的字应当是"妺",可《集解》却把它错成了"妹"。这样自相矛盾的现象都得不到纠正,岂非荒唐?

又如《楚辞·天问》"妺嬉何肆"一句中的"妺嬉",在上海古籍出版社 1979 年版的朱熹《楚辞集注》中无论正文和集注都没有印错,正作"妺嬉";而在中华书局 1983 年版的洪兴祖《楚辞补注》中,"妺嬉"却都被印成了"妹嬉",甚至补注里两次出现的"末嬉"也被错成了"未嬉"。说明在整理者的眼中,"妺"和"妹"、"末"和"未"已经乱成了一锅粥。这样的古籍整理,岂不是越整越把人给整糊涂了吗?

希望今后的作家和学者,别再把夏桀的妃子"妺喜"错写成"妹喜"。

(原载《咬文嚼字》2008 第 5 期,署笔名曾史)

“庖丁”不是厨师的泛称

于丹女士在《庄子心得》之四《认识你自己》中，向读者介绍了《庄子·养生主》里“庖丁解牛”的著名故事：

> 庖丁是怎么解牛的呢？他的手臂舞着，肩膀倚着，脚下踩着，膝盖顶着，整个动作像舞蹈一样……刀锋过处，那头牛稀里哗啦就解体了，“如土委地”，像一摊泥掉在地上，骨骼清晰，牛肉全都剔下去了……
>
> 庖丁解释说：我在一开始解牛的时候，“所见无非全牛者”……但是，我所为在乎的是“道”……我能够从“道”上去追求，而不仅仅依凭技巧，三年之后我就不见全牛了……透过厚厚的牛皮和牛毛，我完全知道牛骨骼的结构、肌理的走向、经络的连接。这个时候，我就可以用

刀子准确地进入它骨骼的缝隙，顺着牛的自然结构去解牛，而不会硬来。这样的话，我就获得了一种效率，游刃有余。

于丹女士以上的叙述，大体上是按照《庄子》原文直译的，没有什么明显的差错。但接下来的引申发挥就出了问题：

这个庖丁说：庖丁跟庖丁是不一样的。大家都是屠夫……

什么叫“庖丁跟庖丁是不一样的”？明明是独一无二的“庖丁”，怎么眼睛一眨，老母鸡变鸭，突然变成两个“庖丁”了呢？仔细琢磨于丹女士的意思，可能她把原来作为人名专称的“庖丁”，当作一般的泛称来理解了。看来对《庄子》中“庖丁”一词的含义作一点考证和辨析，以纠正于丹女士的误说，是有必要的。

什么叫“庖丁”，古代的注家有不同的解释。在《庄子·养生主》“庖丁为文惠君解牛”一句下，唐代的成玄英疏云：

庖丁谓掌厨丁役之人，今之供膳是也。亦言“丁，名也”。

这里本身就有两说，一说庖丁是在厨房里从事劳动的人，这显然认为属于泛称。任何厨师都可以叫“庖丁”。另一说则认为“丁”是人名，属于专称。

另一位唐代训诂学家陆德明在他的《经典释文·庄子音义》中只提出一种解释：

庖人，丁，其名也。

这两种意见究竟谁是谁非呢？

我们先从《庄子》的本文来看，其中写到庖丁为文惠君解牛时，用的绝对不是无主名的泛指，而是相当生动、具体地描写了他身怀的绝技，他在实践中获得的深刻体验，以及他在十九年中宰牛数千而“刀刃若新发于硎”的巨大成就，最后还引用备受启发的文惠君的话说：“善哉！吾闻庖丁之言，得养生焉。”这里的主人公绝对不是一般意义上的泛指，而是一个有着确定名称的独一无二的人物，他的名字就叫庖丁。

需要进一步指出的是，从古代的成玄英到现代的于丹女士，为什么会把庖丁理解为一个泛称的人物呢？主要是由于他们不了解我国的先秦时代存在着一种职务加人名的特殊称谓，如果掌握了这一知识，问题也就迎刃而解了。

先请看《论语·微子》的一段记载：

太师挚适齐，亚饭干适楚，三饭缭适海，四饭缺适秦，鼓方叔入于河，播鼗（音 táo，长柄摇鼓）武入于汉，少师阳、击磬襄入于海。

这段文字写的是春秋末年的鲁国，天下礼崩乐坏，朝中的乐官们纷纷离开本土，流散到各地谋生去了。《论语》对这些乐官的称呼有一个统一的规格，即先称职务，后加上人名，可以说无一例外。如：“太师”指乐官之长，名挚。“少师”指副乐官长，名阳。亚（次）饭、三饭、四饭，都是奏乐佐食的官员，分为亚、三、四各级，干、缭、缺均为人名。鼓、播鼗、击磬，各指奏乐者的职务，方叔、武、襄均为人名。这段记载表明，当时的乐官分工很细，职名各异，但到后来，所有的乐官都可以统称为“师”，如：太师挚，《论语·泰伯》称其为“师挚”；击磬襄，《史记·孔子世家》称其为“师襄子”。《吕氏春秋》中又有师涓、师旷，都是春秋时晋国的乐师，“师”指乐官，涓、旷都是人名。

除了表示乐官的“师”以外，还可以举出一长串类似的例子：

史佚（周武王史官）、史籀（西周史官）、史墨（春秋晋史官）、史嚚（春秋虢史官）、史鱼（春秋卫史官）。这里的“史”都是职官名而不是姓氏，佚、籀、墨、嚚、鱼均为人名。又如西汉的司马迁，后世也有称之为“史迁”的，此“史”也非姓而为职官名。

卜偃（春秋晋掌卜大夫）、卜楚丘（春秋鲁人，掌卜事）、卜徒父（春秋秦人，掌卜事）。卜为职官名，偃、楚丘、徒父均为人名。

巫彭（相传为黄帝臣，喜占筮，为巫师）、巫咸（相传为尧臣，任巫医）。此“巫”是职官名，彭、咸均为人名。

医和、医缓（皆为春秋秦人，当时名医）。“医”为职务，和、缓皆为人名。

匠石(见《庄子·人间世》)。“匠”指木匠之职,石为人名。(王先谦集解:“石,匠名。”)

轮扁(见《庄子·天道》)。“轮”指制作车轮的工匠,“扁”为人名。(司马彪注:“斲轮人,名扁。”)

从上述各例可以看出,在先秦时代,以职官(或职业)与人名相组合,作为对某些专业人士的称谓,是一种约定俗成的通例。《庄子·养生主》中“庖丁”这一称呼,正是按照当时的通例构造出来的,特指一位名“丁”而身怀解牛绝技的厨师。于丹女士把它误解成一般厨师的泛称,说什么“庖丁和庖丁是不一样的”,显然背离了《庄子》的原意。

佛教的“密宗”不能写成“秘宗”

“密宗”是佛教的宗派之一，属于大乘教派，也称“密教”、“秘密教”、“瑜伽密教”、“真言宗”、“金刚顶宗”等。此教派起源于印度，后传入中国和日本。“密”的意思与“显”相对，“密”指秘密，“显”指显露，故佛教教派又有密教和显教之分。吴汝钧所撰《佛教大辞典》“显教密教”条说：

以显露的姿态而说的教理，是显教；秘密地说的教理，是密教。（商务印书馆国际有限公司 1992 年台湾版）

又，台湾慈怡法师主编的《佛光大辞典》“密宗”条释云：

此宗派通称密教（显教之对称）者，系显示自宗所诠解之教理最为尊密，而鄙视其余诸大乘教派为浅显，认为法身佛大日如来所说之金刚界、胎藏界两部教法，方为佛自内证之境界，深妙奥秘，故以密自称；又不得对未灌顶人宣示其法，故称密。（台湾佛光山出版社1989年版）

从上述引文中可以看出，“密宗”的“密”，其实就是秘密、隐秘、奥秘的意思。“密”和“秘”可以算是一对同义词。因此，近年以来，在报刊等媒体上，逐渐有人把“密宗”写成了“秘宗”。例如：

前后经历七十余年营造起来的一处规模宏大的秘宗道场，距今已有八百多年的历史。

这里的“秘宗道场”显然应当是“密宗道场”。“密宗”能不能改写成“秘宗”呢？回答是否定的：不能。

在汉语的形容词中，某些同义的字词有时是可以互相替代的。例如“宏”和“洪”都有“大”义，因此表示宽宏大度可以写成“宏量”，也可以写作“洪量”。但是在形容某些具体的事物或用于专名时，它们就不能任意替代了，如“洪水”不能写成“宏水”，“洪秀全”也不能写成“宏秀全”。“秘”和“密”的关系也是如此，如“秘要”、“秘法”有时被写作“密要”、“密法”，但“秘书”、“秘辛”却从来没有被写成“密书”、“密辛”的。“密宗”是由印度传入中国的佛教宗派，是个专用名词。最早见于翻译的密宗经典时就被译作“密”，如三国吴支谦所译的《无量门微密持经》。此外，与密宗有关的一些名称，历来都写成“密”而不作“秘”，如：密教的经典称“密经”，密教的学问和修行称“密学”，密教的宗家和修学密教的僧徒称“密家”，修行密教的徒众称“密众”，密教修学的道场称“密宗道场”，也省称“密场”。其他还有“杂密”（摄入咒术秘法的密宗）和“纯密”（纯正的密宗），“唐密、东密”（唐代从我国东传至日本的密宗）和“台密”（在日本天台宗流传的密教）以及“藏密”（传入我国西藏的密宗）等称谓。千百年来，这些名称中的“密”字，在正规的典籍中从来没有被写成“秘”的。由此可以肯定，现代某些媒体中出现的“秘宗”是写错了的，应当予以纠正。

（原载《咬文嚼字绿皮书》）

“哈密瓜”有两说

在水果中，新疆的“哈密瓜”香甜可口，于是有人便想当然地把“密”字写成了“蜜”。其实，“哈密瓜”的得名和甜度无关。

据清代傅恒等所撰《西域同文志》记载，哈密是回语“哈勒密勒”的转音。哈勒，义为“瞭望”；密勒，是建筑在高墩上的报警台，发现敌情便点起烽火报警。由于哈密位于新疆东部，是古代通往西域的必由之路，沿途筑有可供瞭望的烽火报警台，所以取名“哈勒密勒”，缩略后便称“哈密”。《元史·巴而术阿而忒的斤传》称之为“哈密力”，也是“哈勒密勒”的转音。

“哈密瓜”的产地和得名，有两种不同的说法：

一说，哈密瓜的原产地是新疆鄯善县的东湖。清朝初年，鄯善属哈密，由维吾尔头领哈密王管辖。哈密王归顺清朝，特地把鄯善出产的甜瓜作为贡品进献给清廷。乾隆皇帝吃了以后非常高兴，就问侍臣说:“这是什么瓜?”侍臣一时答不上来,只知道是哈密王所献,就随口回道:“这是哈密瓜。”从此,“哈密瓜”的名称就流传开来了。

二说,哈密瓜的原产地就在哈密。清道光二十六年所编《哈密志》记载:“哈密城北,天山南山口水……名苏巴什河,东分一支灌溉贡瓜地。”清宣统元年哈密通判(副长官)刘润通所编《哈密直隶厅乡土志》记载:“[哈密]最著者曰瓜,味甘如饴,常年配充贡物。”既然哈密的地方志中都明确记载当地有专门种植贡瓜的土地,而且常年以这种“味甘如饴”的甜瓜进贡,那么“哈密瓜”的原产地当然就不会专属鄯善一县。

总之,无论哪一种说法,都肯定“哈密瓜”的名称是和产地有关的,只要你吃瓜,想到种瓜人,“哈密瓜”就不会再写成“哈蜜瓜”。

(原载《咬文嚼字》2007 年第 3 期,署笔名封常曦)

“昰”是个什么字？

熟悉历史的朋友都知道，南宋有位皇帝叫赵昰，即宋端宗。“昰”究竟是个什么字？应该读什么音？很多人可能说不出来，查一下权威的工具书和有关的注释，也仍然得不到确解。

其实，作为人名的“昰”，历史上也只有宋端宗赵昰一个人用过。对于这个“昰”字的音义，存在着两种不同的说法：

其一是《现代汉语词典》：“昰 shì　同‘是’（多用于人名）。”前面说过，历史上以“昰”作为人名的只有宋端宗一个人，那么这个“昰”就应当读 shì。清代吴乘权主编的《纲鉴易知录·南宋纪·度宗皇帝咸淳十年》云：“帝（度宗）崩，年五十三。贾似道入宫议所立，众议建国公昰（赵昰，宋度宗长子）长，当立。”编者在“昰”字下注：同“是”。

其二是《辞海·日部》（1999 年版）：“㊁（xià）‘夏’的古文。人名用字。南宋端宗名昰。”

以上两种说法，一个说“赵昰”的“昰”同“是”，读 shì；另一个则说此“昰”是“夏”的古文，读 xià。这样截然不同的解释，究竟叫读者听谁的好呢？

其实，说“昰”同“是”，或说“昰”是“夏”的古文，都有依据，但要落实在宋端宗赵昰这个历史人名上究竟该读什么，却只能有一个答案。现在就让我来作一点简要的考证：

先说“是”字。

《说文》收有“是”字，其释义云：“昰，直也。从日、正。……𣆞，籀文‘是’。”

这里的“昰”是小篆，后来楷化为“是”，并没有楷化为“昰”，而“𣆞”则是籀文，后来楷化为“𣆞”，中间多了一短横，下面的“正”也没有变成“疋”。因此在以后相当长的一段时间里，许多字书和韵书都只收“是”而不收“昰”，另外把“𣆞”作为“是”的古文或异体附录在一起。可能这些字、韵书的编者认为，从“昰”到“是”，只是小篆楷化时的一种变形，“昰”和“是”其实只是一个字，因此没有必要再另造一个楷体的“昰”，只有多一笔的“𣆞”才是“是”的异体，或称“古文”。于是从南朝梁顾野王的《玉篇》，到北宋司马光的《类篇》，以至宋初的官修韵书《广韵》（公元 1011 年重修刊行），都一律不收“昰”字，而将中间多一短横的“𣆞”作为“是”的古文或异体加以收录。由此看来，要说南宋末年的皇帝宋度宗会把当时字、韵书上没有的“昰”字拿来给儿子起名，显然是不可能的。

再说“夏”字。

上面说过，在宋代以前的字书（包括词典）如《说文》《尔雅》《方言》《广雅》和《玉篇》中，都找不到楷体“昰”字的踪影，即使是宋初官修的《广韵》也是如此。然而奇怪的是,就在《广韵》问世50多年后编成的《集韵》(公元1067年)中,"昰"字的身形却突然出现了。但其解释却有点出人意料:

《集韵·去声·祃韵》:"夏、昰,……时也。古作昰。"

几乎编撰于同时的字书《类篇·日部》中也有同样的注解:"昰,亥驾切,时也。夏,古作昰。"

《集韵》和《类篇》都是宋代前期官修的大型字、韵书,在当时可谓影响广泛而深远。《集韵》收字53 520个,《类篇》收字31 319个(《玉篇》收22 726字,《广韵》收26 194字),正因为收字数量庞大,才有可能将以前字、韵书中未收的古字、俗字增补进去。由此可以推断,南宋末年宋度宗为他儿子取名为"赵昰",应当是以《集韵》、《类篇》为依据的。这个"昰"字,只能是"夏"的古文,读作xià。

此外还补充说两点:

(一)赵昰是宋度宗赵禥(同"祺",音qí)的长子。《尔雅·释诂上》:"夏,大也。""大"是个好字眼,有壮大、光大等意义,又可表示排行第一,用来作为长子的名字,自是顺理成章。

(二)"昰"和"夏"既然音义全同,为什么不直接用通俗常见的"夏"字取名呢?这完全是从避讳的需要考虑的。因为赵昰是皇长子,将来很可能继位为君。臣民们在生活或行文时必须避讳其名字。如果用通俗的"夏"字,将会避不胜避,于是便改用冷僻少见的"昰"字,就像度宗的名字不用常见的"祺"而用冷僻的古文"禥"一样。

(原载《咬文嚼字》2008年第10期)

“熹微”的前世今生

凡是读过《昭明文选》和《古文观止》中所收陶潜《归去来辞》这篇文章的人，大概都会记得下面这两句话：

问征夫以前路，恨晨光之熹微。

这里的“熹微”二字，在南朝梁沈约所撰的《宋书·陶潜传》中原来作“希微”。“希”与“微”中古都属“微韵”，所以“希微”应当是个叠韵联绵词，其义为“微明貌”。到了稍后的梁太子萧统所编的《昭明文选》中，“希微”便被改成了“熹微”。“熹”字中古属“之韵”，与“微”不同韵，“熹微”也就不再是叠韵联绵词了。唐李善注云：“《声类》曰：熹，亦熙字也。熙，光明也。”按照李善的说法，“熹微”似乎还可以写作“熙微”，其义都释为“光芒微弱”。“熹微”与

“希微”总的意思虽然差不多，但从两词的结构来看，已经不相同了。

到了唐代房玄龄等修撰《晋书》和李延寿等修撰《南史》时，都收入了陶潜的传和他的《归去来辞》，但前者写作“希微”而后者则作“熹微”。按照修史的原则，引用传主的作品应当据其最早的文本。可是由于《文选》在民间的流传相当广泛，影响远远超过了正史，而且从字面上看，“熹微”也比“希微”更加形象而有色彩，因此后人在描写日光微明的情景时大多采用了“熹微”一词。例如：

宋叶適《营师常秉烛为人说气色戏成此绝》：“曙色熹微已出门。”

清金农《忆茶》诗：“朝日熹微榆火新。”

《民国通俗演义》二〇回：“未几鸡声报晓，晨光熹微。”

陈赓《渡江南征日记》：“晨光熹微，鱼贯入船。”

从上面这些书证中可以看出，“熹微”一词的流行已经无可否定，而“希微”则难以与之相比。

然而，由于古今语音的变化发展，到了现代汉语中，“希”与“熹”完全成了同音字，“熹微”二字本属不同韵部现在也成了无可怀疑的叠韵联绵词。于是除了“希微”、“熹微”之外，其他一些新的异形词就被陆续地创造出来。例如：

许地山《萤灯》：“在稀微的灯光底下，看见她躺着……”

瞿秋白《饿乡纪程》绪言："唉！怎么等了许久，还只有这微微细细的一线光明……摇荡恍惚晞微一缕呢？"

郭沫若《洪波曲》第十章二："到达时尚在晨光曦微中。"

这里，创造出"稀微"、"晞微"、"曦微"等异形词的许地山、瞿秋白、郭沫若诸先生，都是现代文学的大家，如果照他们的做法再进一步推广，那就还可以创造出嘻微、熙微、晰微、熺微、爔微等一连串的新词来……

推测毕竟是推测，这样的创造虽然有它音义上的根据，但其实并未出现。现在许多人都已明白：音义完全相同的异形词应当越少越好，已有的都要规范，还去创造新的干什么？

那么，就以上引书证中提到的希微、熹微、稀微、晞微、曦微五个异形词来说，应当以哪个作为规范的正式呢？我认为，从人们习见常用而又出现时代较早这两点来看，规范的正式应当选择"熹微"，而让其他四种作为变式逐渐淘汰出局。

（原载《咬文嚼字》2008 年第 12 期）

“萧”姓不应写作“肖”

相当长一段时间以来，人们从报刊、电视等媒体上经常可以看到萧、肖两个姓氏用字混而不分的现象，如著名历史学家萧一山被印成“肖一山”，著名作家萧军、萧红被印成“肖军”、“肖红”，解放军将领萧克、萧劲光被印成“肖克”、“肖劲光”，等等。他们的姓氏究竟应当是“萧”呢还是“肖”？

其实，“萧”和“肖”是两个古已有之的姓氏。萧姓出现得很早，据《元和姓纂》、《通志·氏族略》、《广韵》、《古今姓氏书辨证》等书记载，殷商贵族微子启本为子姓。周灭商后，封微子于宋（今河南商丘南），是为宋国。春秋前期，其支系裔孙大心平叛有功，被封于萧（今安徽萧县西北），因以萧为氏。萧叔大心之名，见于《左传·庄公十二年》。后世萧姓名人，有西汉开国丞相萧何、御史大夫萧望之，南朝梁武帝萧衍、昭明太子萧统，唐初做过宰相并被图形于凌烟阁的萧瑀，等等。萧姓在全国分布甚广，人口众多，现为中国人数最多的50个姓之一。此“萧”《广韵》音苏彫切，今读 xiāo。

肖姓出现较晚，最早的人名见于汉代。据明凌迪知《万姓统谱》所举有6人，其中汉代为肖安国、肖招、肖玉、肖雩、肖同5人，注云：“俱陈留人，见《印薮》。”又明代1人，名肖靖，注云：“褒城人，宣德中解元。”以上6人不见于其他史籍，《中国历代人名大辞典》也没有收录，故其生平事迹无可考。此“肖”《万姓统谱》列于《去声・十八啸》中，今音读 xiào。

根据上述论证可知，萧和肖都是汉族的姓，虽然古已有之，但并不同源。而且字形和读音也不一样，它们是两个不同的姓氏。

此外，据当代学者的调查研究，发现满、蒙、回、土家等族中也有肖姓，但其源流无法弄清，读音为 xiāo（平声），与汉族中读 xiào（去声）的肖姓显然是两码事，不能混为一谈。

汉族中的萧（xiāo）肖（xiào）二姓，从古代传承到今天已经有两三千年，它们现在的情况怎样了呢？我们不妨通过几部有关人名的工具书来作一番比较和考辨：

1.《明清进士题名碑录索引》，共收明、清两代进士 51 624 人，其中萧姓进士 245 人，肖姓进士无 1 人；

2.《中国历代人名大辞典》，共收辛亥革命前人名 54 500 人，其中萧姓人名 517 人，肖姓人名无 1 人；

3.《中国近现代人物名号大辞典》，共收公元 1840 年至今的人物 10 112 人，其中萧姓人名 52 人，肖姓人名无 1 人。

4.《中国人名大词典・现任党政领导人物卷》，共收公元 1988

年在任的党政军高级领导2 185人，其中萧姓人名13人，肖姓人名无1人。

通过以上四部工具书的比较可以看出，大约从明、清以来直到今天，在具有一定知名度的社会人士中，萧姓人物占有相当的数量，而肖姓则微乎其微，竟然举不出一个具体的人名来。这种情况反映到字、词典中，从明代的《字彙》、清代的《康熙字典》，直到民国时期的《中华大字典》、《辞源》、《辞海》和《国语辞典》，它们在“萧”字条下全都收列了“姓”的义项，而在“肖”字条下竟然无一提及。这就充分表明，在汉族人民中，肖（xiào）姓实际上已经退出了历史舞台。

“肖”作为姓氏用字的重新出现，大约是在20世纪的50年代，但它并不是古代那个去声“肖”姓的复活。解放以后，随着《汉字简化方案》的逐步推广，不少人的心里滋长了避繁趋简的思想，写起字来总希望笔画越少越好，如写“傅”为“付”、写“停”为“仃”等。作为姓氏用字的“蕭”，本来有17画，已经简化成了11画的“萧”，可有些人还要进一步把它简化成7画的“肖”。其实，“肖”（平声）开始作为“萧”姓的代用字出现时，应当是个错字，但写的人多了，也就被当作“萧”姓的俗体字接受了下来。再进一步，它又被收入某些通用的字、词典，如1965年版《现代汉语词典》（试用本）xiāo音下就分别收列了“肖”“萧”二字，其释文为：

肖　姓（“萧”俗作肖）。

萧　……②（xiāo）姓。

这样的解释，等于确定了“肖”作为“萧”姓代用字的合法地位。到了《新华字典》那里，它又作了进一步的发展，干脆去掉了“萧”的姓氏义项，只在“肖”字 xiāo 音下注道：“‘萧’（姓）俗作‘肖’。”这就等于向所有的读者宣告：作为姓氏的“萧”已不复存在，以后应当一律写成“肖”。难怪有学者指出，公开、大量地用“肖”姓代替“萧”姓，可能就是由《新华字典》引发的，它是这一乱象的始作俑者。面对如此现状，1999 年修订版《辞海》能够不为所动，坚决拒绝在“肖”字条下收入作为“萧”姓俗体的义项。这种拨乱反正的立场无疑是正确的，值得肯定。

今天，萧、肖两个姓氏用字混而为一的现象依然存在，并未得到有效的遏止，例如在 1989 年版的《中国人名大词典・现任党政领导人物卷》中最高人民法院院长萧扬正作“萧扬”，可是现在的媒体上几乎都印成了“肖扬”。还有，陕西文联副主席、文艺评论家协会主席萧云儒，电脑互联网上，“萧”字也被写作“肖”。他在 1998 年出版的《中国当代文坛百人》一书中，其封面署名和“作者简介”竟然都印成了“肖云儒”。现代著名的政界人物和学者，都是一人两姓，岂非咄咄怪事？这样的混乱现象，不能再任其继续下去了！

当然，要从根本上解决这个问题，还必须由国家职能部门经过调查研究后作出具体规定，公布施行。在此之前，我先提出以下三点建议供参考：

（一）古代的萧、肖二姓，萧音 xiāo，肖音 xiào，属于两个不同的姓氏，绝对不能混淆。由于肖姓之人极少，仅见于明代《万姓统谱》及其以后的某些地方志，其他的一般史籍及人名工具书均只有萧姓而未见肖姓。因此凡见到肖姓人名的，必须认真查检有关文献，原作“萧”者一律予以纠正。

（二）在现代人名中，除某些少数民族存在肖姓（平声）外，汉族已基本上只有萧姓而没有肖姓（去声）了。因此凡媒体及书稿中发现肖姓人名时，都必须查核其是否为萧姓之误。原姓确为“萧”者，应一律予以纠正，不能再以“肖”代“萧”。文稿的作者自己必须搞清究竟姓“萧”还是姓“肖”，不应再模棱两可，长作糊涂人。作家在创作小说虚构人物时，也请一律取萧姓而不取肖姓。

（三）对于历史上外国人译名中的肖、萧二字（一般在首位），一律根据权威人名工具书的规定，维持原状不变，如：肖邦、肖洛霍夫、萧伯纳等。而对现在或以后新出现的译名，则建议一般都译作“肖”，以便从形式上与汉族姓氏中的“萧”分流。

（原载《咬文嚼字》2008 年第 3 期，署笔名曾史）

细说“经年”

人们在阅读古代诗文的时候，经常会遇到“经年”这个词。它的确切含义是什么呢？

1947年商务印书馆出版的由黎锦熙先生主编的《国语辞典》收录了这个条目，其释文为：

【经年】谓经过一年。

这一释义是否正确？我们且来看两条书例：

宋之问《登总持寺阁》诗：“东京杨柳陌，少别已经年。”

赵雍《七夕》诗：“今宵自有经年约，何暇闲情送巧来?”

前一例写的是东京洛阳城外陌上的杨柳。读着这样的词语,人们的眼前就会出现暮春时节长条飘拂、飞絮漫天的凄迷景象。后一例写的是农历七月七日民间结彩穿针向织女乞巧求福的传统习俗。这两种情景都是一年一度才会遇到的,所以这里的“经年”只能是“经过一年”的意思。

不过,在肯定了“经过一年”这个基本的常用的意义后,还应当明确:这所谓的“一年”,并不限于整整十二个月三百六十天。有时经过不足一年,有时超过一年不到两年,都可以称“经年”。例如:

(1)《三国志·吕布传》裴松之注引《献帝春秋》曰:“庄周之称郊祭牺牛,养饲经年,衣以文绣,宰执鸾刀,以入庙门,当此之时,求为孤犊,不可得也!”

这里“养饲经年”的“经年”指多久呢?经查考,“庄周之称郊祭牺牛”的典故出于《庄子·列御寇》:

“庄子应其使曰:‘子见夫牺牛乎?衣以文绣,食以刍叔(菽),及其牵而入于大庙,虽欲为孤犊,其可得乎?’”成玄英疏:“牺,养也。君王预前三月养牛祭宗庙曰牺。”

在“郊祭牺牛”出处的《庄子·列御寇》一文中,虽然已经找不到

“养饲经年”这句话,但在唐代训诂学家成玄英的《庄子》注疏里却清清楚楚地写着:“君王预前三月养牛祭宗庙曰牺。”可见“养饲经年”就是预先饲养三个月。退一步说,即使需要延长一点饲养时间,也绝对要不了一年。这是一个“不足一年”可以称为“经年”的例子。

(2) 白居易《长恨歌》:“渔阳鼙鼓动地来,惊破《霓裳羽衣曲》……六军不发无奈何,宛转蛾眉马前死……悠悠生死别经年,魂魄不曾来入梦。”

此例写的是“安史之乱”中唐玄宗和杨贵妃生离死别的故事。据《资治通鉴》记载,天宝十四载(755)十一月,安禄山起兵反于范阳。十五载(756)六月十二日,唐玄宗逃离西京长安,十四日至马嵬驿突发兵变,玄宗被迫将杨贵妃缢杀于佛堂。后来太子李亨在灵武即位,史称唐肃宗,改元至德。次年(至德二载,757)九月末,唐军收复西京。十二月四日,太上皇玄宗从蜀地回到长安。由此可见,玄宗从马嵬驿缢死杨贵妃到返回京城长安,前后约为一年半。所谓“悠悠生死别经年”,这“经年”超过了一个整年,但是不到两年。如果有人说超过一年就不能称“经年”,显然不合史实。

除了上述“经过一年”(包括不足一年和超出一年不到两年)这个基本意义以外,“经年”还有其他两个不太为人了解和重视的义项:

(一)“经年”可以泛指终年,一年到头。

试举两例:

(1) 白居易《沐浴》诗:“经年不沐浴,尘垢满肌肤。

今朝一澡濯，衰瘦颇有余。”

(2)李远《闲居》诗：“牛羊归古巷，燕雀绕疏篱。买药经年晒，留僧尽日棋。”

前一例中的“经年不沐浴”两句，是说一年到头不洗澡，以致尘垢积满了肌肤。这里的“经年”显然泛指日子很久，不会是确指一年的时日。后一例的“买药经年晒”，也是指买来了中药材后，一时用不完，为防霉蛀，便一年到头放在太阳下晾晒，不可能指晒了整整一年三百六十天。没有哪个傻瓜会这样去计算的。当然，碰上阴雨天气他也会不晒，但一有太阳则必晒无疑，于是便笼统地说它“经年晒”了。这个“经年”只能理解为“一年到头都是如此”，而不应解释为“经过了整整一年”。

(二)“经年”可以解释为“多年”、“好几年”。

先看四川人民出版社1992年版《古今汉语实用词典》“经年”条目的解释：

【经年】经过一年或多年。藏稿经年|经年累月。

这里的释义，比起《国语辞典》来，增加了“多年”的内容。对照所举的例语，“经年累月”义为“经历很多年月”(《现代汉语词典》)，“经年”就是“多年”；但“藏稿经年”就难说了，可以认为藏了一年，也可认为藏了多年，所以词典的编者才把释义写成了“经过一年或多年”。这种模棱两可的做法，正说明了编者在无法确定具体年份的情况下所表露出来的无奈。类似的书证很多，这里试举一例：

柳永《雨霖铃》词："多情自古伤离别，更那堪冷落清秋节……此去经年，应是良辰好景虚设。"

这是柳永一首脍炙人口的名作，但"此去经年"到底指经过了多少时间，却引起了人们不同的解释。因为此句完全是作者对未来的悬想和推测之词，这次分手将会是一年、两年还是五年、十年，谁也无法确定。因此朱东润先生在他主编的《中国历代文学作品选》中注解说："经年，经过一年或若干年。"许海山先生则在他主编的《中国诗词曲赋大观》中将此句翻译成："这一次分别也许会不只一年。"你看，"经过一年或若干年"，"也许会不只一年"，确切的时间到底是几年，你能说得准吗？

不过，尽管像上例中的"经年"一时无法确定究竟是一年还是多年，但据我过去阅读所及，确实有不少用例中的"经年"是可以考定为"多年"、"好几年"的。这个义项应当收录到我们新编的词典中去。下面也试举两例并略加考辨：

(1)《晋书·简文帝纪》："[咸安元年]十二月戊子，诏以京都有经年之储，权停一年之运。"

东晋的都城在建康(今江苏南京)。按照封建王朝的规定，全国各地每年都要把收获的粮食按定额运往都城存进国库，以供皇室和臣民们食用。可是在咸安元年(371)十二月，简文帝却特地下达诏书，让各州郡暂停一年向建康运送粮食，其理由是都城已"有经年之储"。这个"经年"，显然只能理解为"多年"、"好几年"。因为解释成“一年”，那就意味着建康只有一年的粮食储备，再停运一年，到明年年底，叫京都的皇室和臣民吃什么去？一旦发生战争又该怎么办？作为一国之主，简文帝怎么可能像白痴一样去下达这样一封诏书呢？

(2)《世说新语·贤媛》：“贾充妻李氏作《女训》，行于世。李氏女，齐献王妃；郭氏女，惠帝后。充卒，李、郭女各欲令其母合葬，经年未决。贾后废，李氏乃祔，葬遂定。”

据《晋书》及《通鉴》等书记载，大臣贾充前后娶过两个妻子李婉和郭槐。李婉的长女贾褒当了齐献王司马攸的妃子，郭槐的女儿贾南风当了晋惠帝的皇后。李婉曾经与贾充离婚别居，直到去世也没有回来。贾充死后，贾褒提出要让母亲李婉与父亲合葬，但遭到贾后南风的抵制、反对，因而“经年未决”。直到贾后被赵王司马伦废黜并毒死，李婉才得以与丈夫贾充合葬。经考证，贾充死于晋武帝太康三年(282)，而其女贾后被废则在晋惠帝永康元年(300)，是以李婉与贾充合葬当在贾充死后十八年才得以实现。因此，所谓“经年未决”的“经年”绝不可能是“一年”，而应当是“多年”。

(原载《咬文嚼字》2009 年第 8 期)

说“店小二”

在我国宋、元时代的戏曲和话本小说中，经常可以看到“店小二”这个称呼。例如：

贡院前桥下有个酒店，姓孙，叫做孙婆店，俞良在店中安歇了。……每日早间，问店小二讨些汤洗了面，便出门。(《宋元小说家话本集·俞仲举题诗遇上皇》)

天色微明，只见鲁提辖大踏步走入店里来，高声叫道：“店小二，那里是金老歇处？”(《水浒传》第三回)

店小二上：“……自家店小二的便是，在这牢山店卖酒为生。”(元无名氏《衣袄车》第二折)

以上三例中的“店小二”是个什么角色呢？我们先来看看词典

的解释。

《汉语大词典》:“旧称客店、饭馆、酒店的主人或雇用的伙计。”

《近代汉语词典》:“旅店或酒店的店主或店员。”

两部词典的说法大同小异,其相同之处,都是指旅店(客店)、酒店的店主或伙计。“店主和伙计”,为什么叫“店小二”呢?几乎所有的工具书都没有交代,让人无从索解。下面,我想通过对古代有关语言资料的分析、考证,谈一点个人的看法,以就正于方家。

在宋、元的戏曲和话本小说中,“店小二”这一称呼,还有二哥、店小二哥、小二、小二哥等多种详略不同的说法。例如:

清河君瑞(清河人张生,名珙,字君瑞),邸店权时住,又没个亲知为伴侣,欲待散心没处去。正疑惑之际,二哥推户。(董解元《西厢记诸宫调》卷一)

凌景埏注:“二哥,宋、元时,称店主为‘大哥’,店伙为‘二哥’。”

〔正末(张生)〕:“这里一座店儿,琴童接下马者!店小二哥在那里?”〔小二上,云〕:“自家是这状元店里小二哥,官人要下呵,俺这里有干净客店。”(王实甫《西厢记》第一本第一折)

王季思注:“宋元习俗称店伙作二哥,盖对店主称大哥而言。”

以上两例中的二哥、店小二哥、小二、小二哥等说法，与“店小二”无疑是一个意思。那么，凌景埏和王季思这两位现代元曲研究专家对于“二哥”和“店小二”的注解又是怎么说的呢？剔除个别文字上的差异，两位专家的意见其实是一致的：“二哥”和“店小二”指的是一种人，即旅店或酒店的伙计。由于店主是产权的主人，在店里的地位最高，被称为大哥，因此，他所雇用的伙计能力再强，也只能位居第二，被称为“二哥”。这里的“哥”字是对男子的敬称，不限于排行和年龄的大小。如《水浒传》中写到武大郎和武松兄弟时，武松称大郎为“哥哥”，而大郎也称武松为“二哥”。可见被称“哥”的不一定年长。此外，客店或酒店的伙计需要接迎八方来客，应付各种杂务，有的还要兼理账目，结算钱款，一般都年纪较轻，因此人们在称呼时往往会在“二哥”前加上一个“小”字，叫做“小二哥”。戏曲、话本在记述这类人物活动时往往会把“哥”字省去，称为“小二”或“店小二”。

写到这里，读者也许已经发现凌、王二家的注解与《汉语大词典》《近代汉语词典》的释文存在着明显的矛盾：前者认为“店小二”只指店中的伙计，而后者则认为“店小二”既可指店主，也可指伙计。究竟哪家的说法正确呢？

我们且来看两条书证：

天色晚，两个投宿于旅邸，小二哥接引，拣了一间宽洁房……林善甫出房中来，问店主人：“前夕甚人在此房内宿？”（《宋元小说家话本集·阴骘积善》）

［齐天大圣］乃唤山神分付：“听吾号令，便化客店，你

做小二哥，我做店主人。”

这两条书证中的“小二哥”（小二）都与“店主人”（主人家）对举，只能理解为店中的伙计。

再看以下两条书证：

〔外扮店家上，云〕：“……自家是店小二，在这东京居住，无别营生，开着个小酒店儿。”（高文秀《遇上皇》第一折）

〔净扮酒保上〕：“……自家店小二是也，在这岳阳楼下，开着一个酒店，但是南来北往，经商客旅，做买做卖，都来这楼上饮酒。”（马致远《吕洞宾三醉岳阳楼》第一折）

从这两例来看，这“店小二”又称“店家”，而且是自己在城里开的酒店和酒楼，显然是店主的角色。《汉语大词典》等根据这样的例证，把“店主”之义概括进释文中去，似乎也有道理。

然而，按照情理来推断，如果“店小二”这种称呼既可指位居第二的伙计，又可直接指店主本人的话，那么凌景埏和王季思两位专家的说法就根本不能成立了。天下哪有大哥、二哥合称为“小二”的道理？

让我们再来看以下两条书证：

〔店小二上，云〕：“……小可人是个卖酒的，在此地开着个酒店。……我这酒店，十分兴旺，是这牛员外的酒店，他闲常不来，一个月便和我算一遭帐。昨日着人来说，今日要来与我算帐。”（元无名氏《玩江亭》第二折）

〔丑扮店小二，上〕：“……自家店小二是也。有那南来北往、经商客旅、做买做卖的人，都在我这店中安下。一个月前有个王粲，在我店肆中居住，房宿饭钱都少了我的。我便罢了，大主人家埋怨我。我如今叫他出来算算帐，讨还我这房宿饭钱。”（郑光祖《醉思乡王粲登楼》第一折）

通过以上两例，我们可以了解到，古代有些客店或酒店，尽管名义上属于某人开设，但他的上头还有大主人家或产权所有者，其经营实际上带有承包或代管的性质，重大问题必须由大主人家来决定，或者需要按期向产权所有者缴付规定的费用。因此，他的地位仍然不是老大，只能算老二，称之为“小二哥”或“店小二”是名副其实的。

（原载《咬文嚼字》2007 年第 1 期）

浅谈古汉语兼词“诸”

在古代汉语中,有一种特殊的单音词。从表面看来,它只是一个字,但实际上却兼有两个字的意义和作用,而且其读音也是这两个字的合音。这种特殊的单音词,语言学家把它称为兼词,而人们经常提到的一个例子是:诸。

作为兼词的“诸”,在一般的古汉语字、词典中,主要包括两个义项和用法:

(一)表示“之乎”合用,位于句子末尾。

“诸”字音 zhū,其声母与“之”相同,韵母与“乎”相同。将“之”“乎”两字连起来快读,便合成为“诸”音。“乎”在古汉语中一般用于句子末尾,表示疑问或感叹语气。因此人们便把位于句末的“诸”看成是“之乎”合用的兼词。例如:

①《论语·子罕》:“有美玉于斯,韫匵而藏诸?求善贾而沽诸?”

②《孟子·梁惠王下》:“文王之囿方七十里,有诸?”

③《左传·僖公二十三年》:“晋公子有三焉,天其或者将建诸!”

以上三例句末的“诸”字,都可以看作“之乎”合用的兼词。“之”是代词,指代前面提到的人或事物;“乎”是句末语气词,可以用现代汉语中不同的语气词来翻译它。试将三例译释如下:

①有一块美玉在这里,是放在柜子里藏起来呢?还是找个识货的商人卖掉它呢?

②听说周文王的园林大到七十平方里,真有这回事吗?

③听说晋公子重耳有三个别人不具备的条件,上天或者将要立他为国君吧!

(二)表示“之于”合用,一般位于句中。

在古代汉语中,“诸”字的读音与“之于”的合音非常相近,因此人们又将“诸”看作“之于”合用的兼词。例如:

①《周易·系辞下》:“近取诸身,远取诸物。”

②《论语·卫灵公》:“子张书诸绅。”

③《左传·隐公元年》:“段入于鄢,公伐诸鄢。”

④《吕氏春秋·慎大览·下贤》:“虏齐侯,献诸天子。”

以上四例中的“诸”字,都是“之于”合用的兼词。“之”是代词,指代前面提到的人或事物,“于”则为介词,可用现代汉语中的“从”“在”“到”“给”等字来翻译它。试将四例译释如下:

①近者从自己的身体取法,远者从外界的物类取法。

②子张把孔子的话写在束腰的大带上。

③太叔段逃入鄢城,郑庄公便到鄢城去讨伐他。

④俘虏了齐侯,把他献给天子。

前面两种“之乎”、“之于”合用的兼词,是“诸”字在古汉语中比较常见的义项和用法。有些人接触多了,便自然而然地在脑海中形成了一种错觉,认为“诸”只能作为兼词来使用,没有其他独立的义项。凡是无法按兼词义理解的,肯定是书刊排印上出了问题,或者作者本人用错写错了。先看以下两例:

①《左传·僖公十三年》:“冬,晋荐饥,使乞籴于秦。秦伯谓子桑曰:‘与诸乎?’”

②《孟子·公孙丑下》:“王如改诸,则必反予。”

以上两例,第①例表示疑问语气,有人就认为这个“诸”是“之乎”合用的兼词,应当位于句末。“之乎”中已有“乎”字,后面再外加一“乎”字，显然重复了，因此断定句末的“乎”属于误排的衍文。第②例的“诸”用于分句之末，也被认为是“之乎”合用的兼词，“王如改诸”可译成“王如改之乎”。但仔细斟酌，此分句并无疑问或感叹的意味。“诸”释为“之乎”，语意无法跟下文连贯。因此也有人怀疑句中文字可能排错。

其实，这两例中的“诸”都不是“之乎”合用的兼词，而是与“之”相通，作为第三人称的代词“之”，可以翻译成“他”或“它”。几乎所有的古汉语字、词典都收录了这个义项，而且在许多古籍中都能找到用例。用“诸”的兼词义来否定它的代词义，是不对的。

再看以下一个现代的用例：

李存葆《〈高山下的花环〉引子》：“他的事迹虽好，却一直未能见诸于报章。”

此例中的“诸”字位于句中，有人认为它是“之于”合用的兼词。既然“诸”本身表示“之于”，那后面就不宜再去重复加一个“于”字，李存葆显然用错了。

其实，这里的“诸”不一定当作兼词来理解。据我所知，李存葆先生读过不少古代的典籍，对于“诸”可以作“之于”合用的兼词不会不知道。“见诸于报章”本来应当作“见诸报章”。但他这里写的是现代小说，“见诸报章”的说法显得文言气过重，因此他便在“诸”字后面添上了一个“于”字。古汉语中“诸”、“之”可以相通，“见诸于报章”等于“见之于报章”。这样理解，就不好说他错了。

当然，我在这里为李存葆先生辩解，并不是提倡和鼓励这样的写法。在当代的文学创作中，我还是主张尽量使用规范的白话文，而少用或不用那些半文不白的语句，但是有些老先生已经习惯了自己的语言表达方式，你很难禁绝他偶尔使用某些文言的成分，只能通过说理来加以引导。比如“见诸于报章”这句话，我们可以不必说他用错，但为了使读者不致将“诸”的兼词义（之于）和代词义（之）互相混淆，引起阅读上的障碍，还是应当建议用“之”代“诸”，将句子改成“见之于报章”为好。

（原载《咬文嚼字》2008年第4期）

谈“颗”和“棵”量词用法的分工

“颗”和“棵”本来都是古汉语字。在古代字、韵书中，“颗”字始见于《说文》，“棵”字始见于《广韵》。它们的本义都相当冷僻，古书中也很少看到用例，因此本文不拟加以论列，只想对它们在现代汉语中量词用法的分工作一点初步的探讨，以就正于方家。

一

在现代汉语中，“颗”和“棵”都可以作为量词使用，但两者有着比较明确的分工，不能互相混淆。不少字、词典对此作了界定和说明：

颗，用于颗粒状物体。如：两颗樱桃；一颗花生米。

棵，用于树木等植物。如：一棵小草；几棵柳树。

以上两例中的“颗”和“棵”,是不能互换混用的。

但是,在历史上,在明、清以来的一些白话文学作品中,人们却经常可以看到“颗”字被当作“棵”来使用的例子。如:

《西游记》第二十五回:“你去把那崖边柳树伐四颗来。”

《儒林外史》第九回:“屋后有两颗大枫树。”

鲁迅《故事新编·非攻》:“看不见一颗大树。”

从现代汉语规范化的角度看,以上三例中的“颗”字显然都用错了,应当改为“棵”,但以历史唯物主义的观点来分析,它们又都是当时作家用语的客观存在,不能随意否定和改变。那么这个问题怎么来解决呢? 这里,首先要了解一下“颗”“棵”二字量词义的产生、发展及其相互关系的演变,才能作出正确的判断。

二

先谈“颗”字。《说文·页部》云:“颗,小头也。”可见“颗”字的本义是“小的头颅”。头一般呈椭圆或圆形,因此“颗”通常被借指小而圆的颗粒状物体。如:豆颗、盐颗、丁香颗、珍珠颗等。后来,“颗”又引申出量词的用法,其所用对象仍然限于小而圆的颗粒状物体。如:

韦应物《答郑骑曹青橘绝句》:“书后欲题三百颗,洞庭须待满林霜。”

《汉武内传》:“王母命侍女索果,须臾以玉盘盛仙桃七颗。”

从以上各例可以看出,“颗”字自本义、引申义演变为量词,其所涉对象均限于小而圆的颗粒状物体。这在人们的心目中已经形成了一种固定的概念。至迟在明代以前,还找不到一个例外。

那么,当时通常用来表示树木等植物的量词是什么呢?主要是个“株”字。它始见于先秦文献。《说文・木部》云:“株,木根也。”“木根”就是树根,引申为树桩、树干,再进而用作表示长条形的树木等植物的量词。如:

《三国志・诸葛亮传》:“成都有桑八百株。”

鲁迅《野草・秋夜》:“在我的后园,可以看见墙外有两株树,一株是枣树,还有一株也是枣树。”

以上情况表明,在相当长的历史时期内,“颗”和“株”分别用为颗粒状物体和树木等植物的量词,有着明确的分工,一直相沿不变。

三

大约到了明代中叶前后,新的情况开始出现。本文前面所举《西游记》第二十五回“你去把那崖边柳树伐四颗来”就是最早的一例。这里的量词“颗”,就突破了“颗粒状物体”的范围,用来表示长条形的“树木等植物”了。据我猜测,开始可能是误用,但由于《西游记》是影响广泛的文学名著,很快被不少人接受并袭用,逐渐出现在其他作品中，这里也包括前面所引《儒林外史》和鲁迅的小说。

不过，“颗”字的传统用法在人们心目中形成的概念是难以消失的。有些人总感到“柳树四颗”的“颗”看上去很不顺眼，便想法从《广韵》中找出个“棵”字来取代它。“棵”不但与“颗”读音相同，而且义符为“木”，作为“树木”的量词，正好相配。于是，“棵”字便顺理成章地登上了历史舞台。这里也举两例：

《红楼梦》第四十八回：“岸上又没有人，只有几棵树。”

《二十年目睹之怪现状》第四十五回：“拿了一双斧头砍一棵桃树。”

“棵”字作为量词出现以后，并未能阻止“颗”字的使用。于是，从明、清时代直到民国以后，便形成了“颗”“棵”二字同时作为树木量词并存混用的局面。

四

新中国建国以来，由于语言实践的发展和学术界的提倡，人们对于“颗”和“棵”量词用法的分工越来越有了明确的要求。具体说来，“颗”字应当只限于颗粒状物体，而“棵”字则表示树木等植物，两者不宜再混用。

（原载《咬文嚼字》2008 年第 1 期）

谈“娈童”一词的本义和误用

一

前一段时间，经常看到媒体上有关于“性侵害”案件的报道。在此类文章中，往往会出现“娈童”“娈童犯”“娈童狂”“娈童杀手”“娈童前科”一类词语，而“娈童”无疑是其中的核心成分。但是，何谓娈童？它的确切含义究竟是什么？人们在阅读这些报道时，大多会感到表述不清，概念含混，似是而非，难以捉摸。试看以下数例：

1. 英国破获娈童大案，有40多名男童遭到严重性侵害。

2. 加拿大娈童狂将在泰国受审，网上发布了200多张他猥亵男童的照片。

3. 美国娈童犯黑名单上网，凡有娈童前科者必须及时向当局汇报行踪变化。

4. 马来西亚女童遭强奸身亡，疑为连环娈童杀手所为。

以上数例中的“娈童”，按其具体语境和上下文意揣测，“娈”字似可理解为“猥亵、强奸”等性侵害行为，显然是个动词；而“童”字，在例1、2中专指男童，例3所指性别不明，例4则指女童。这些用法，都存在错误。其实“娈童”一词古已有之，而且有着确定的含义，不能想当然地引申发挥，任意曲解，以讹传讹，造成人们阅读上的障碍。因此，对“娈童”一词的原意和用法作一点正本清源的考辨，看来是有必要的。

二

先说一下“娈”字。“娈”在中国最早的字书《说文・女部》中解释为：“娈，慕也。”清段玉裁注：“娈、恋古今字。”《说文》中未收“恋”字，段玉裁的意思是说，古人先造了义为“爱慕”而读 liàn 音的“娈”字，后来才又造个“恋”字来取代它。在两千多年语言运用的历史长河里，“恋”早就成为人们熟悉的通行字，而作为它的古字（或称本字）的“娈”，在浩如烟海的古代文献中，却竟然找不到一条书证。这说明“娈”字已经丧失了与“恋”同音同义的功能，不能再当作“恋”字来使用了。

“娈”字另有一个义项是“貌美”，读 luán。此义不见于《说文》，但在古代文献中却出现得很早。如《诗经·小雅·车舝》：“思娈季女逝兮。”毛传：“娈，美貌。”这里是形容女子貌美。但“娈”有时也可形容男性，如《诗经·齐风·甫田》：“婉兮娈兮，总角丱兮。”毛传：“婉、娈，少（shào）好貌。”“总角”是指男子未成年时头上扎着两根角辫。可见这里的“婉、娈”是形容男性年少而貌美。经常阅读古代诗文的人都会有这样的印象：貌美，是“娈”字的常用义项。

三

现进而谈“娈童”。“娈”和“童”组合为“娈童”，其最早的书证见于南朝梁简文帝萧纲的《娈童诗》：

> 娈童娇丽质，践董复超瑕……
> 揽袴轻红出，回头双鬓斜……
> 懒眼时含笑，玉手乍攀花……
> 足使燕姬妒，弥令郑女嗟。

这里的“娈童”是指女性还是男性呢？从诗中的“娇丽质”、“袴轻红”、“双鬓斜”、“玉手”、“燕姬妒”、“郑女嗟”等描写来看，似乎应当是个娇艳绝伦的美女，但从“践董复超瑕”一句所用的典故来分析，却又另当别论了。

“践董复超瑕”中的“董”和“瑕”，分别指西汉末年的董贤和春秋时卫国的弥子瑕。董贤事见《汉书·佞幸传》，他原来官为太子舍人，汉哀帝即位后，喜欢他长得美貌，“拜为黄门郎”，让他“出则参乘，入御左右”，形影不离，还常在一起睡觉。有一次大白天，君臣二人同枕共眠，董贤的身体压住了哀帝的袖子。哀帝醒后想先起身，为了不惊醒董贤，竟截断了自己的衣袖下床。这就是历史上有名的“断袖之欢”。弥子瑕事见《韩非子·说难》，他是春秋时卫灵公的男宠，曾备受灵公喜爱。有一次他吃桃子，感到特别甘甜，只吃了半个就留下来给了卫灵公。灵公说：“子瑕真爱我啊！吃了好口味的东西还想到留给我。”萧纲既然引用了汉哀帝和卫灵公的两个男宠作为典故来与“娈童”搭配，说他的“娇丽质”超过了董贤和弥子瑕，那么这个“娈童”当然是指男性童子了。在南朝梁以后的历代文献中，凡是使用“娈童”一词的，都指受到帝王或权贵者宠爱的美男，可以说没有例外。所以，《汉语大词典》在“娈童”条下注释说：“被当作女性玩弄的美男。”

需要注意的是，“娈童”的这个解释，并非“娈”和“童”两字的简单相加。如“童”本无性别之分，兼指男童和女童，但“娈童”一词却只限于指男童，而且是具有专供男性玩弄取乐这样一种身份的男童。仅仅是貌美的男童，如果没有这种特殊的身份，即使遭到了猥亵、强奸等性侵害，一般也不称为“娈童”。这里不妨再举一个《红楼梦》第七十五回的例子：

> 此间伏侍的小厮，都是十五岁以下的孩子，若成丁的男子到不了这里……其中有两个十六七岁娈童，以备奉酒的，都打扮的粉妆玉琢……薛蟠兴头了，便搂着一个娈童吃酒。（周汝昌汇校八十回本）

由此可见,这些称为“娈童”的男孩,都是被富贵人家养着或雇来给主子陪酒取乐的。他们还没有成年,却像女人一样打扮得粉妆玉琢,男主人想搂就搂,要亲就亲。他们以此为生,被人戏狎玩弄都是自愿的,并没有人用暴力强迫他们这样做。这与后世遭到歹徒猥亵、强奸等性侵害的孩子显然是不一样的。将后者所说的受害儿童不分青红皂白地一概称为“娈童”,显然是混淆了不同的概念。查遍历代的文学作品,还找不到一个这样的用例。

根据以上的考证可以得出结论:“娈童”是专指供男人(多为同性恋者)当作女性戏狎玩弄的美男(多为未成年者)。这里的“娈”义为“貌美”,是个形容词,不能作“猥亵、强奸”等动词来理解和使用。所以,像“娈童犯”、“娈童狂”、“有娈童前科”等说法都是错误的。至于无辜遭到性侵害的男童,一般也不宜称为“娈童”。此外,“娈童”只指男性,不应将女孩包括在内。

由于好多人不了解“娈童”一词古已有之的确定含义,因此出错的比例很高。其实媒体在报道猥亵、强奸儿童等性侵害案件时,完全可以选取人们熟悉浅近的词语来表达,似懂非懂、极易误解的“娈童”,不用也罢!《现代汉语词典》一直未收“娈童”,恐怕也是不想让它在今天出头流行吧。

四

最后谈一下“恋童癖”。

现代媒体上还常见有“恋童癖”和“娈童癖”的说法,二者经常混用。“恋童癖”是个现代性心理学名词,是指某些人以儿童为对象取得性满足的变态行为。“恋”字不能写作“娈”。我在前面已经讲过，“娈”字在古代字、韵书中虽然被说成是与“恋”同音同义的古字，但这一义项早被废弃，并未在实际语用中出现过。让它死灰复燃，与“恋”字随意混用，这种做法，除了添乱以外，是没有任何积极意义的。

（原载于《澳门日报》2007 年 11 月 12 日—13 日《新园地》）

“瀋”字简化之我见

在讨论这个问题之前，我想请大家先看看两个古典文学作品中的例子：

明·宋濂《赠医师周汉卿序》：“环颈及腋下凡十九窍，窍破白沈出。”

《聊斋志异·种梨》：“[道士]向市人索汤沃灌，好事者于临街店索得沸沈。”

这两个句子中“白沈”“沸沈”的“沈”，原文都是繁体字，我按《简化字总表》（以下省称《总表》）的规定把它们改成了简化的“沈”。你能说出与这个“沈”字相对应的繁体字吗？

我曾经拿这个问题问过不下十位大学生（包括理科和文科

的),但是没有一个人能回答出来。

这里,正确的答案应当是“瀋”。“白沈”“沸沈”原作“白瀋”“沸瀋”。“瀋”的本义是“汁液”,此义多见于古代文言,现代白话文已基本不用。但“瀋”又作为地名字,用于“瀋陽”“遼瀋戰役”等专名,频频出现在现代的书籍报刊中。“瀋”字共18画,笔数繁多。书写费时,因此在建国初期推行文字改革的时候,自然成了简化的重点目标。

繁体字的简化,通常采用两种方法:一是将若干偏旁相同的字类推简化,如“議、儀、蟻”简化为“议、仪、蚁”,“識、幟、織、熾、職”简化为“识、帜、织、炽、职”;二是以笔画较少的同音字取代繁体字。如“衝”简作“冲”,“醜”简作“丑”。但“瀋”字的情况比较特殊。以“審”为偏旁的繁体字有“嬸、讅、瀋”等,按理说应当采取前一种偏旁类推的方法来进行简化。即“審”简化为“审”、“嬸、讅、瀋”分别简化为“婶、谉、渖”。这种以类相从的做法,整齐划一,便于记忆和掌握。但在1964年首次公布、1986年重新发表的《总表》中,同类一组的“嬸、讅、瀋”三个繁体字却被分成两类,前面的“嬸”“讅”按偏旁类推法简化为“婶”“谉”,而后面的“瀋”字却用同音替代法简化成了“沈”。这种违反统一规则、各行其是的现象是怎么造成的呢?

根据我的判断,“瀋”字的简化之所以不取“渖”而用“沈”,其主要原因是,在现代汉语中,“瀋”的本义“汁液”已基本不用,常用的就是地名义,而且集中在“瀋陽”一词上。“瀋陽”又可省称“瀋”。“瀋”与“沈”读音完全相同。“沈”字只有7画,写起来简便得多。可能当时民间已有人为图方便而将“瀋陽”简写成“沈阳”,

并逐渐流行开来。到了1964年，文改会在制订《总表》时，首先考虑到“瀋”这个地名用字简写作“沈”已经约定俗成，难以再作变动，就按“名从主人”的原则把它收进了第一表，而其他从“審”的“嬸”“讅”二字，无法找到合适的同音字替代，只好按偏旁类推法简化为“婶”“谉”。

从《总表》公布以后几十年的实践来看，作为地名用字的“瀋”简化为“沈”，由于一般不会产生歧解，因而没有听到什么意见；但不少研读古代文献的人，却对“沈”这个简化字啧有烦言。他们认为，“沈”和“瀋”无论在字形或意义上都相差甚远，扯不到一起，看见“沈”字，很难联想到繁体的“瀋”，阅读的障碍也就随之产生。本文开头所引两例中的“白沈”和“沸沈”就是明证。因此有学者提出，表示本义“汁液”的“瀋”应当与偏旁相同的“嬸”“讅”一样，类推简化为“渖”。这样可以使读者看到“渖”字，便立即通过偏旁联想到“瀋”及其古代的常用义，阅读的滞碍容易消解。

根据上述论证，我建议“瀋”字的简化，应从古今汉语学习和使用的实际出发，作一点必要而适当的调整：

其一，作为地名用字的“瀋”，参照《总表》附录第二部分的规定，采用同音替代法（如新疆和闐县改和田县，广西鬱林县改玉林县），仍然简化为“沈”；

其二，作为地名用字以外的“瀋”（表示“汁液”等古义，主要用于文言作品），按照《总表》第二表的规定，采用偏旁类推法（如“嬸”改“婶”，“讅”改“谉”），简化为“渖”。

（原载《咬文嚼字》2006年第5期）

当简未简说“臆”“耀”

在《简化字总表》（以下简称《总表》）第一表中，繁体字“億”和“憶”，被分别简化成了“亿”和“忆”。这两个简化字都属于新造字。它们的声旁“乙”与繁体字的声旁“意”读音相近，便于记忆，而其笔数则从原来的十三笔减到了一笔，书写起来可以节省不少时间和心力，因此深受人们的欢迎。

然而奇怪的是，有一个情况类似的繁体字，本来也可以采用相同办法简化的，却莫名其妙没被《总表》列入其中。这个繁体字就是“臆”。

在现代汉语里，“臆”字的使用频率虽然略低于“億”和“憶”，但也并非十分冷僻。例如臆测、臆断、臆想、臆造、直抒胸臆等，都经常出现在书面作品中。既然在 1964 年制订《总表》时已经把“億”和“憶”简化成了“亿”和“忆”，那为什么不一视同仁地也把

“臆”字简化为“肊”呢?

其实,要说简化的理据,“臆”字比起“億”“憶”来显得更加充分。“亿”和“忆”两个简化字,不见于古代的文献和字书,完全是解放以后在省繁就简风气的影响下新造出来的,而“肊”却是个古已有之的正体字。《说文·肉部》云:“肊,胸骨也,从肉,乙声。臆,肊或从意。”按照作者许慎的观点,“肊”和“臆”是同一个字的两种不同的写法。“肊”是本字,而“臆”则是它的或体字(也称俗体字)。后来不知什么原因,笔画繁多的“臆”日益流行成为通用字,而笔画简少的“肊”却备受冷落,几乎到了无人问津的地步(《清史稿》中偶有“肊见”的用例)。但无论如何,“肊”和“臆”的简繁对应关系是无法抹杀的,《说文》的记载就是一个明证。既然当初制定《总表》时,可以创造两个从未有过的简化字“亿”“忆”去取代繁体的“億”“憶”,那为什么古已有之,而且理据相同的“肊”字却偏偏被剥夺了应有的权利和机遇,不能合法地登上《总表》的殿堂呢?因此我认为,“肊”应当名正言顺地作为“臆”的简化字收进《规范字表》中去。

下面再谈“耀”字。与“耀”声旁相同的“躍”,在《总表》第一表中被简化成了“跃”。“躍”字的声旁“翟”读 dí 或 zhái,其简化字“跃”的声旁“夭”读 yāo,二者迥然有别;此外,整个“躍”字读 yuè,也与“夭”音差别较大,但由于“跃”比“躍”笔画简省很多,经过一段时间的流行,终于被人们接受了。然而让人奇怪的是,“耀”和“躍”声旁相同,“耀”字读 yào,也与“夭”音十分相近(仅声调略异),为什么“躍”字可以简化为“跃”,而理据完全相同的“耀”却偏偏不能简化成“炋”呢?

我在退休前后，审读过大量社科类的书稿，经常发现作者自动地将"耀"字简写成"烁"。这显然是受了"躍"—"跃"简化的影响。虽经一再提醒和纠正，但这种不规范的写法仍然难以杜绝。仔细想想，人家以《总表》的"躍"字为榜样，推及到理据相同的"耀"字，并不是毫无道理的乱来。既然如此，我们何不来个顺水推舟，索性正式规定"耀"简化为"烁"，并且把它收进《规范字表》呢？

附带说明一下："臆"简化为"肊"，"耀"简化为"烁"，过去曾经收入国家有关部门于 1977 年发布的《第二次汉字简化方案（草案）》。由于该表制订仓促，其中大部分字的简化规定不够合理，后来被废止了。但整体的废止，并不等于其中没有个别合理的成分。我认为，将"臆""耀"分别简化为"肊""烁"就是合理而可行的例子，所以特地提出来，供《规范字表》的制订者参考。

（原载《咬文嚼字》2006 年第 7 期）

辨音正读

重耳的“重”读成了 zhòng 吗?

4 月 5 日,在北京电视台《清明节怎么过》这档节目中,有位嘉宾提到了寒食节。在春秋时代,晋国发生内乱,公子重耳流亡在外 19 年,有一次因断粮饥困难耐,幸亏随从的臣子介之推割股奉君,才没有饿出事来。重耳回国后做了国君(史称晋文公),遍赏从亡的群臣,偏偏遗漏了介之推。之推与老母逃入绵上山中隐居。文公派人寻找无着,就点火环山焚烧,想逼他出山,结果之推不出而死。后来民间在清明前一天或两天断火冷食以纪念介之推,称为寒食节。这位嘉宾在谈到晋文公重耳时,把重耳的“重”读成了 zhòng。

“重耳”的“重”是读 zhòng 吗? 记得我在初中和高中学习时,就多次听老师们讲起这个寒食节的故事,他们都把重耳的“重”念成 chóng。究竟哪一个读音是正确的呢?

查一下记载晋文公重耳事迹的典籍，其中附有“重”字注音资料的有以下几条：

《礼记·檀弓下》：“秦穆公使人吊公子重耳。”

《左传·庄公二十八年》：“大戎狐姬生重耳。”

《公羊传·僖公三十二年》：“晋侯重耳卒。”

《穀梁传·僖公十年》：“里克所为杀者，为重耳也。”

以上四例中“重耳”的“重”，唐陆德明的《经典释文》一律注释为：“重，直龙反。”“直龙反”折成现代普通话应当读 chóng。

查 1988 年修订版《辞源》收录“重耳”条，其“重”字读音正作 chóng，就是根据陆德明《经典释文》反切而来的。

晋文公重耳的“重”应当读 chóng，不能读 zhòng。

（原载《咬文嚼字》2008 年第 6 期，署笔名郑茵）

吴王“夫差”怎么读?

吴王夫差是春秋末年一位著名的历史人物。据《史记·吴太伯世家》记载,夫差是吴王阖庐的太子,而《吴越春秋·阖闾内传》则以其为阖闾(即阖庐)的孙子(阖闾之子波太子的儿子)。公元前496年,阖闾出兵伐越,不幸受伤去世。夫差继位为君,两年后兴兵打败了越国,但没有诛杀越国勾践。勾践屈膝降吴,忍辱负重,十年生聚,十年教训,最后终于灭掉了吴国。夫差被迫自杀,成了历史上备受指摘的亡国之君。

最近,有位大学历史系的学生写信对我说,春秋末年的吴王夫差,他一直读作 Fūchā,后来听老师念成 Fūchāi。查查工具书又找不到依据。他希望我告诉他:“夫差”究竟该怎么读?

按照常规的做法,由于古人一般都有名和字,而两者在音义上又大多有联系。因此只要想办法查清这种联系,它的读音也就可以确定了。然而麻烦的是，在所有的史书上，吴王夫差就这么个独一无二的称呼，连究竟是名是字也搞不清楚，想通过这种办法来确定读音显然是不可能的了。只好另辟蹊径，直接从查找古人的注音资料入手。

先查儒家典籍中唐人陆德明的《经典释文》。涉及“夫差”二字注音的有两条：

《穀梁传·哀公十三年》：“吴王夫差曰：‘好冠来。’”（中华书局1980年版《十三经注疏》2451页上栏）

《礼记·檀弓下》：“夫差谓行人仪曰：‘是夫也多言，盍尝问焉……’”（同上书1305页上栏）

对于这两例中的“夫差”，《经典释文》的注音完全相同，都作：

夫差，音扶；下，初佳反。

据此可以知道，在唐代的注音资料（直音和反切）中，“夫差”的“夫”读“扶”。过去人们一般读第一声（阴平）fū，其实错了，应当读第二声（阳平）fú。

比较麻烦的是“夫差”的“差”字，唐代的反切读“初佳反”。“佳”字今音读jiā。根据上字取声、下字取韵及调的原则，有人就把“初佳反”折合成chā。例如王文锦先生所著的《礼记译解》（中华书局2001年版）便给《檀弓下》的“夫差”一词注音为：“父：音扶。差音插（chā）。”

其实,这个“插”音是注错了的。出错的原因是由于著者不了解唐代中古音和现代读音的差异造成的。前面说过,中古反切“初佳反”中的“佳”现代读作 jiā,此音大概是在唐代以后出现的,唐代及其以前,“佳”字读作 gāi,与“街”同音(现代四川人仍读“街”为 gāi)。在著名音韵学家李珍华、周长楫编撰的《汉字古今音表》中,“佳”字的中古音就被注成 gāi(原注国际音标为 kai,折成汉语拼音为 gāi)。因此,中古音为“初佳反”的“差”应当读作 chāi。

这里还有两个旁证需要谈一谈。

其一,《吴越春秋・夫差内传》云:“十一年,夫差北伐齐。”当代学者周生春先生在他的《吴越春秋辑校汇考》(上海古籍出版社 1997 年版)中注道“《檀弓》注:‘夫’,音,‘扶’;‘差’,初皆切;《穀梁》注同。”周先生在此条的“校勘记”中特加说明,说他的这个“差,初皆切”,是根据《十三经注疏》的弘治本和《古今逸史》本转录而来的。为什么中华书局《十三经注疏》本的“差,初佳反”,到了明代的弘治刻本中会变成“差,初皆切”呢?推其缘由,可能是因为当时的“佳”字已经读 jiā,而“皆”字则读 gāi,将“佳”改成“皆”,可以更准确方便地切出“夫差”的“差”字的读音来。

其二,元人陈澔是著名的经学家和训诂学家,他在所撰的《礼记集说・檀弓下》中用直音字对“夫差”二字的读音作了注释:

> 夫差,音扶钗。(世界书局 1936 年影印铜版《四书五

经·礼记集说》54 页）

“扶钗”的汉语拼音作 fú chāi，这也就是今天“夫差”二字的正确读音。

（原载 2008 年 6 月 25 日《澳门日报》）

“关云长”的“长”应当念 cháng

不久前，有位朋友来看我，向我提出了一个问题：三国时蜀汉名将关羽，字云长。这个“长”字，不少人包括他自己都念平声 cháng（常）。但他有一次听评弹，说书人把“长”字念成上声 zhǎng（掌）。他事后问了一下，念 zhǎng 的根据是什么？回答说：不知道。他们是师徒口耳相传，历来都是这么念的。朋友于是问我：“关云长”的“长”究竟念 cháng 还是念 zhǎng？

我查了一下有关的史料和工具书，谈了个人的看法：关羽是著名的历史人物，所有的人名大辞典都有专条收列，并注明他字“云长”，但没有一部辞典交代“长”字读什么音。因此。这个问题需要寻找特殊的依据来解决。下面分三点来谈：

（一）古人一般都有名和字，两者之间的意义多有关联，它们的读音也往往可据以考定。例如：屈原，名平，字原。据《尔雅·释地》说："广平曰原。"广而平的土地叫"原"。那么"平"和"原"都含有"平"的意思。又如孔子的学生颜回，字子渊。据《说文·水部》说："渊，回水也。"回旋的水流叫渊，那么"回"和"渊"都含有"回旋"的意思。这就是古人取"名"和"字"时必须考虑的问题。

按照《三国志·蜀书·关羽传》的记载："关羽，字云长，本字长生。"先分析一下名和本字之间意义上的联系。关将军名羽，据《说文·羽部》说："羽，鸟长毛也。""羽"就是鸟身上比较粗长的羽毛，而不是细短的绒毛。后世制作羽扇、羽毛球用的材料就是这种羽毛。关羽的本字是长生。"鸟长毛"的"长"与"长生"的"长"都是"长短"的"长"，因此，只能读平声 cháng。关羽后来为什么把本字"长生"改掉呢？据清代学者推断，蜀汉时另有一位德高望重的朝臣叫范长生，活了 130 岁，关羽可能是为了表示谦逊，才把自己的本字"长生"改为"云长"的。字虽然改了，但名和字相关联的习惯却不会废弃，因而"云长"的"长"仍然只能读"长短"的"长"，而不会改读"生长"的"长"。

（二）在古代诗词中，"云""长"二字往往结合使用，"长"字多以形容云天的辽阔高远，从来不作"生长"解释。例如杜甫的《薄游》诗：

> 淅淅风生砌，团团日隐墙。
> 遥空秋雁灭，丰岭暮云长。
> 病叶多先坠，寒花只暂香。
> 巴城添泪眼，今夜复清光。

这里的“暮云长”是描写半山之中弥漫着苍茫的云霞，全诗押的是平声韵，“长”字正读 cháng。此外再举数例：

苍灵敬，翠云长。（庾信《登歌》）

盘坂入云长。（孟浩然《行出东山望汉川》诗）

标出海云长。（李白《秋日登扬州西灵塔》诗）

会见拂云长。（杜甫《严郑公宅同咏竹》诗）

鬟解绿云长。（白居易《江南喜逢萧九彻》诗）

家山信断碧云长。（宇文虚中《重阳旅中》诗）

以上是从十几家诗人数千首诗中找到的六个使用“云长”的书证，也无一例外地都押平声韵，“长”字全部读 cháng 而不读 zhǎng。

（三）唐代诗人杜牧曾经写过一首《题永崇西平王宅太尉愬院六韵》诗，是歌颂雪夜入蔡州的平叛名将李愬的。诗的开头六句是：

天下无双将，关西第一雄。

授符黄石老，学剑白猿翁。

矫矫云长勇，恂恂郤縠风……

这里，“矫矫云长勇”的“云长”就是指关云长，用来比喻和赞扬李愬。杜牧写诗是比较注重格律的，这一首虽然是五言古诗，但第五、六两句的格律仍然对得相当工整：“矫矫云长勇”，是仄仄平平仄;“恂恂郤縠风”(郤縠,Xì Hú,是春秋时晋国名将。縠,古属屋韵,为入声字),是平平仄仄平。“云长”二字都属平声,可见唐代学者杜牧是把“云长”的“长”读作“长短”的“长”的。

由此可以得出结论:“关云长”的“长”应当读 cháng(常)。

(原载《咬文嚼字》2007 年第 11 期)

钟繇的“繇”怎么读?

钟繇,字元常,是三国魏时的大臣和著名的书法家。他的儿子钟会,曾受命率军平蜀,后因谋叛魏国而被杀。《三国志》中收有父子两人的传记。

钟繇的“繇”,古代大致有两种读法:一读“遥”(yáo),一读“由”(yóu)。读“遥”,是在他生活的三国时代。相传虞舜时有位掌刑法的贤臣皋陶,古书上也写作“皋繇”或“咎繇”,那“繇”字就读“遥”。钟繇取名为“繇”,也许含有仰慕前贤咎繇的意思,所以也应读“遥”。不过奇怪的是,在《后汉书》、《三国志》、《晋书》等史籍中提到钟繇时,竟然没有一位注家为这个“繇”字注明过读音。倒是南朝宋文学家刘义庆在他的名著《世说新语》中为我们留下了“繇”字当时读音的记录:

晋文帝(司马昭,生前未称帝,其子司马炎篡魏建晋后,追尊为文帝)与二陈(指陈骞、陈泰)共车,过唤钟会(钟繇次子)同载,即驶车委去。比(钟会)出,已远(车已远去)。既至(钟会事后赶到),(文帝)因嘲之曰:“与人期行,何以迟迟?望卿遥遥不至。”会答曰:“矫然懿实,何以同群?”(陈骞之父名矫;晋文帝之父即司马懿;陈泰的祖父名寔,“寔”同“实”,父名群。这里的“矫然懿实,何以同群”,暗藏着陈骞之父、司马昭之父以及陈泰祖父和父亲的名字,带有隐语逗趣的意味。)帝复问会:“皋繇何如人?”(钟会)答曰:“上不及尧、舜,下不逮周、孔,亦一时之懿士。”(《世说新语·排调》)

对于这段记载,民国学者李详在他的《世说新语笺释稿》中说:

钟会父繇,魏时自音“繇”(遥),非如今时音“由”也。《礼·檀弓》:“咏斯犹。”郑注:“犹,当为‘摇’声之误,秦人犹、摇声相近。”

又清姚范《援鹑堂笔记》卷三十说:

盖旧读“繇”为“遥”,以其父(钟繇)名为戏也。今皆读为“由”音。

《世说新语·排调》的记载和后世学者的考释说明,晋文帝司马昭因为钟会借他父亲的名字和二陈父、祖的名字跟他搞文字游戏,开了个玩笑,于是他也借皋繇与钟会父亲钟繇之名同音而回敬了一下。可见在当时的司马昭心里,“钟繇”的“繇”跟“皋繇”的“繇”一样,肯定读“遥”而不读“由”。

但是,这只是“繇”字人名读音的一种说法。此外还有与此不同的第二说。

当代学者吉常宏、吉发涵父子编著的《古人名字解诂》一书,从“钟繇”其人名和字意义的关联上作了深入的考证,得出了“繇”字的另一个读音:

> 钟繇,三国魏人。字元常。
>
> 《汉书·叙传上》:“近者陆子优繇。”王先谦补注:“繇与游同。”《文选》作“游”。《说文·㫃部》:“游,旌旗之流(旒)也。”……《释名·释兵》:“常,九旗之名。日月为常,画日月于其端。天子所建,言常明也。”“繇”“常”义近,故以“常”应“繇”……

吉先生认为,钟繇的“繇”通“游”。“游”是旌旗上的飘带,而“常”是画有日月的旗帜。钟繇的名和字都与旗相关,因此这个“繇”字应当读“游”(yóu)。

以上两种论证都有依据,也都能言之成理,因此自古以来,钟繇的“繇”有人读 yáo,有人读 yóu,都不能算错。现在的问题是,如果让这种两读不分主次的现象一直保持下去,总归不是个办法。还是应当选取其中的一个作为规范读音。那么,这个规范应当怎么来确定呢？

凡是学过音韵学的人都知道，从古到今，汉语的语音处在不断的发展和变迁之中。有些人名用字的读音也是如此。前面提到，清代的姚范在他的《援鹑堂笔记》中说："盖旧读'繇'为'遥'，以其(钟会)父名为戏也。今皆读为'由'音。"民国的李详在他的《世说新语笺释稿》中也说："钟会父繇，魏时自音'繇'(遥)，非如今时音'由'也。"姚、李二人不约而同地指出，三国魏时钟繇的"繇"确实读"遥"，但到了他们生活的清代乾隆和民国年间，这个"繇"已经改读"由"了。最近，我带着这个"繇"字两读的问题，请教了好几位中年书法家和书法理论界的朋友，他们告诉我，除了一些初步涉猎书法艺术而且文化程度不高的人读"繇"为"遥"以外，绝大多数业内人士，如从前辈专家的谢稚柳、启功等到一般的中年学者，几乎都读"繇"为"由"，很少例外。我本人几十年来一直读"繇"为"由"，也是在与山东著名书法艺术家蒋维崧教授交谈中听来的。如果当时查了字典，说不定也会陷入两难的困境。鉴于这种情况，我建议索性将钟繇的"繇"字的今读定为"由"。这样做，既可与现当代书法界内绝大多数专家学者的读法相一致，也可以在钟繇这个人名读音规范化的过程中起一点引导的作用。至于上古虞舜贤臣咎繇的"繇"，由于古籍旧注和工具书中早已有了明确而约定俗成的注音，还是应当维持原状读"遥"。

（原载《咬文嚼字》2008 年第 4 期）

“贞观”的“观”念去声还是阴平?

前不久,电视上正在热播历史连续剧《贞观长歌》。剧中人都把唐太宗年号“贞观”的“观”字念成平声的 guān。有作者撰文指出:这个音念错了,应当根据《现代汉语词典》的注释,读成去声 guàn。

这样的意见有没有道理?两种读法究竟谁是谁非?下面让我根据有关的文献资料,对“贞观”一词的语源及其音义的历史演变作一点粗略的考辨,以就正于大方之家。

在中外历史上,曾经以“贞观”作为年号的,除了唐太宗以外,还有西夏的崇宗和日本的清和天皇(约当公元9世纪中叶)。据前人考证,“贞观”一词出自《周易·系辞下》:“天地之道,贞观者也。”旧注认为:“贞,正也。”“天覆地载之道,以贞正得一,故其功可为物之所观也。”(晋韩康伯注,唐孔颖达疏)这里的“观”,可以理解为观看、观察。但宋代的儒学大师朱熹却在《周易本义》中说："观，示也。""示"即"示人"，是展示出来给人看的意思。这两种解释，把同一个字分为立足点不同而又互相关联的两个义项，其实后者分明是从前者引申而来，应当读同一个音。但是，在唐代以前，它们却被分成了平声(guān)和去声(guàn)两音。请看西晋文学家陆云所作两篇诗赋的用韵情况(字下注○者押平声韵，注△者押去声韵)：

《赠汲郡太守》诗："於穆皇晋，豪彦实蕃；天罔振维，有圣贞观。"

《南征赋》："悲国步之未夷，仰夙兴而昧旦；括无方而大诰，集率土而贞观。"

同一位诗人的两篇韵文，其中"贞观"的"观"，却一读平声，一读去声，可见当时一字同义异读的现象是确实存在的。因此，唐代训诂学家陆德明便在《经典释文》中为《周易·系辞下》"贞观"的"观"字注上了去声和平声两个读音："官唤反(guàn)，又音官(guān)。"

如果对于某篇经典中某个同义或近义的字只是一般的两读通用，也许情况还不会太糟，你只要全篇始终取其一读即可。现在的问题是，有些权威的注疏家还非要给你硬性规定：某个完全同义的字，这里必须读平声，那里必须读去声，而这些规定又往往随心所欲，毫无标准可言，这就势必搞得人一头雾水、难以掌握了。例如《周易》有个"观卦"，其卦名为"观"，而其卦辞、六爻爻辞、彖辞和象辞以及古注中也十多次用到“观”字,如:“大观”、“以观”、“下观”、“观先王”、“观民”、“童观”、“闚观”、“观我生”、“观国之光”、“观其生”、“观盛”、“观至”、“观之”、“观感”、“观处”、“观时”、“观之主”、“观之盛”等。这些“观”字的意义,基本上来自卦名,两者或同或近,或者存在着直接的引申关系,读音理应相同。但陆德明却认为,卦名的“观”和“大观”、“以观”、“观先王”、“观民”、“童观”、“闚观”、“观我生”的“观”都读去声官唤反(guàn),而“观国之光”的“观”则一般读平声官(guān),但也可读去声(guàn)。此外,他又说“观盛”以下各个“观”字都读去声“官唤反”,但在“大观”、“以观”等词的下面又引王肃、徐邈等家旧注,说这些“观”也可读作平声“官”。这样莫名其妙地随文作注,叫后世的读者怎么能掌握呢?所以清代学者钱大昕在《十驾斋养新录》中就批评陆德明说:

> 陆氏于此兼收平、去两音,于“中正以观天下”云:“徐(晋徐邈,字仙民)唯此一字作官音”,是童观、闚观、观我生、观其生、观国之光,徐仙民并读去声矣!六爻皆以卦名取义,平则皆平,去则皆去,岂有两读之理?!

此外,段玉裁在《说文解字注》“观”字条“观,谛视”下也写道:

> (谛视)审谛之视也。《穀梁传》曰:“常事曰视,非常曰观。”凡以我谛视物曰观,使人得以谛视我亦曰观。犹之以我见人、使人见我皆曰视。一义之转移本无二音也。

而学者强为分别，乃使《周易》一卦而平、去错出，支离殆不可读。不亦固哉！

通过对古代重要的韵书和字书的初步查检可以知道，在“观”字同义异读、随文混注的影响下，从北宋的《集韵》、元代的《韵会举要》、明代的《字彙》，直到清初的《康熙字典》，都将“观”字的“视（常视）”义，同它的“谛视”、“示”、“《周易》卦名”等义项，分别列入平声 guān 和去声 guàn 两个音项之中。这种现象，经过钱大昕、段玉裁两家批评以后，从清末到民国初年，仍然没有什么改变。例如：《考正字彙》（清光绪十六年版）

观　（一）音官（guān）：视也。……

（二）又音官去声（guàn）：卦名；示也。

《中华大字典》（民国四年版）

观　（一）（guàn）：①谛视。……②示也。……

⑤卦名。……

（二）（guān）：①视也。……⑦示也。……

从上引资料可以看出，在清末民初的字典中，“观”字的“视”义同“谛视”、“示”、“卦名”等义仍然被分列在两个不同的音项，甚至一个“示”义还可两项兼列。但是到了民国末年（1948），在黎锦熙先生编纂的《国语辞典》中，情况开始出现了变化：其“观”字含有的“所示或示人之象”这一义项，从以前的去声 guàn 音被合并到了平声 guān 的音项中。这种情况是过去从来没有的。说明在当时的实际语用中，人们已经把“示人，给人看”这个义项，由去声读成了平声。新中国成立以后，音义对应、音随义转的原则得到了进一步的体现，几部影响较大的古汉语和古今兼收的大中型字、词典，如《辞源》（修订版）、《辞海》（修订版）、《中华古汉语字典》、《汉语大字典》、《汉语大词典》等，都无一例外地将“看，细看”、“示人，给人看”、“《周易》卦名”等义项合在一起列入第一音项平声（guān）之中。作为复词条目的“贞观”，由于出处来自《周易》“天地之道，贞观者也”，而此“观”字无论释为“观看、观察”或者“示人、给人看”，现在都已读成了平声 guān。古代的帝王年号“贞观”既然得义于此，那么即使过去曾经有人读过 zhēn guàn，但随着历史的演进和语言应用的发展变化，也理当扬弃旧音，改用新声，将“贞观”一词读为 zhēn guān。

（原载《咬文嚼字》2007 年第 9 期）

“不亦说乎”和“不亦乐乎”

“不亦乐乎”的引用率极高。在第29届北京奥运会上，“有朋自远方来，不亦乐乎”更是恰到好处地传达了中国人民的心声。但可惜的是，不少人包括一些电视主持人，都把“不亦乐乎”的“乐”误读成了 yuè。

这句引文出自《论语·学而》。我们且来看看两位学者的白话译文：

杨伯峻《论语译注》：“有志同道合的人从远处来，不也快乐吗？”（中华书局1980年版第1页）

刘俊田等《四书全译》：“有朋友从远方来，不也是快乐的吗？”（贵州人民出版社1988年版第82页）

两位的译文都把“乐”字译成“快乐”，这个“乐”只能念 lè，不能读成“音乐”的“乐”(yuè)。

其实，这个“乐”字并不难懂. 只要认真阅读《论语》原文，一般都容易理解。那么究竟是什么原因导致人们把 lè 误念成 yuè 的呢？这个问题，看来跟《论语·学而》中这句话的上文有关：

> 子曰：“学而时习之，不亦说乎？有朋自远方来，不亦乐乎？……”

原来，孔子在说“有朋自远方来，不亦乐乎”之前，先说了一句“学而时习之，不亦说乎”。这句话翻成现代汉语，意思是：“学了又经常复习它，不是很高兴吗?”其中的“说”字不是“说话”的“说”，而是“喜悦”的“悦”的本字，应当读 yuè 而不读 shuō。正是这“不亦说乎”对下句的“不亦乐乎”的读音起了误导的作用。有些人可能没有读过《论语》原著，却可能经常听人说：“学而时习之，不亦说(yuè)乎?”他们分不清“不亦乐乎”和“不亦说乎”的区别在哪里，只知道这两个短语的意思差不多，于是便把“不亦乐乎”的“乐”顺口念成了 yuè。

（原载《咬文嚼字》2009 年第 2 期，署笔名郑茵）

“荨麻”和“荨麻疹”的“荨”为什么读不同的音？

不久前有位朋友问我：词典上有个字的读音定得很奇怪，“荨麻疹”和“荨麻”，虽然一个是病名一个是植物名，但前者取义于后者，两个“荨”字的读音应当相同，然而查一下新版的《辞海》（1999）和《现代汉语词典》（2002），“荨麻疹”的“荨”注音为 xún，而“荨麻”的“荨”却注音为 qián。这种同义两读的规定，显然给人们的记忆带来了困难。今年 7 月 21 日，四川卫视的主持人就在早间新闻中，把“荨麻”念成了 xún má。有人指出他念错了，但也有人为他辩护，认为词典的定音本身就不合理。这个问题应当怎么来看待？

其实在好多年以前，这两个“荨”字读音的歧异就已经引起了我的注意，并作过一番认真的查考。现在趁此机会谈一点个人的看法，以就正于方家。

“荨”字见于《说文》：“荨，芜藩也。”芜藩是一种药草，又名知母。《玉篇》和《唐韵》都注“荨”的读音为徒含切（tán）。但这个“荨”与“荨麻”不是同一种植物，不能混为一谈。

“荨麻”作为一个合成词用于植物的名称，最早见于宋代的文献。如唐慎微《政和证类本草 · 本草图经本经外草类》：“荨麻，生江宁府山野中，村民云：疗蛇毒。”这个“荨”字该怎么读呢？明李时珍的《本草纲目 · 草部 · 荨麻》作了如下说明：

> 荨麻（荨音寻）　　　　宋《图经》
>
> 【释名】毛藜［时珍曰］“荨”字本作“藜”。杜子美有《除藜草》诗是也……叶似花桑……上有毛芒可畏，触人如蜂虿螫蠚。

《本草纲目》的注释指出，“荨麻”的“荨”读“寻”（xún），但同时又说“‘荨’字本作‘藜’”，一个本字，一个后起字，实际上是音义相同的异体字。这种说法并非没有根据，例如宋代张邦基《墨庄漫录》卷七云：“川、陕间有一种恶草，罗生于野，虽人家庭砌亦有之，如此间之蒿蓬也，土人呼为藜麻，其枝叶拂人肌肉，即成疮疱。”按照李时珍的说法，这里的“藜麻”也就是《本草纲目》中的“荨麻”。“藜”和“荨”是同字异体。然而问题也由此产生了。因为“荨”字既然音 xún，“藜”是“荨”的本字，那么“藜”理所当然也应当读 xún。但查一下宋代权威的韵书《集韵》，它对“藜”字的读音注了两个反切，即徐廉切（xián）和慈盐切（qián），根本就没有 xún 音。以后在各类字韵书中，“荨”和“蕁”的读音一直分道扬镳：“荨”读 xún，“蕁”读 xián 或 qián。到了民国年间的三大字词典中，这种情况大体上没有改变，如：

《辞源》(1915)　荨(xún)　蕁(qián，亦读如 xún)

《中华大字典》(1915)　荨(xún)　蕁(qián)

《辞海》(1937)　荨(xún)　蕁(qián)

以上注音表明，“荨”和“蕁”的读音仍然分列两类，略有变化的是，“蕁”字的 xián 音已被废弃，只保留了 qián 一个读音。此外，《辞源》还对“蕁”采取折中的办法，在 qián 音以外，又加上了一句“亦读如 xún”。这种企图在读音上沟通“荨”、“蕁”两字的做法，显然缺乏语用的依据。

在解放以后的最初年代里，《辞海》、《辞源》的修订和《现代汉语词典》的编纂还没有提上日程，一般民众使用的大多是《新华字典》或《四角号码新词典》。这类小型的语文工具书收字较少，单字和复词中只有“荨”和“荨麻”，不会收录“蕁”这样的冷僻字。因此“荨麻”便顺理成章地读成了 xún má。这个读音，现在还可以从1963年以前的《新华字典》和《四角号码新词典》中查到。我想如果没有以后人为的折腾，“荨”字今音两读的现象也许就不会发生了。

到了 1963 年，由国家普通话审音委员会拟订的《普通话异读词三次审音总表初稿》(以下简称《初稿》)发布了。在这份《初稿》中，“荨”字原来的读音 xún 被取消了，规定改读为 qián。于是随后的修订版《新华字典》、《四角号码新词典》以至1973年新编的《现代汉语词典》(试用本),也都一律将“荨麻”的“荨”字改定为qián音。这种修改的原因是什么呢?我想不可能是当时社会语用的实际(无论书面或口头语)。因为除了专门研究植物的专家学者,一般的老百姓是极少接触荨麻的,至于家中偶尔有人患了荨麻疹(俗称风疹块),也只会根据口耳相传的说法读成xún má zhěn。可以说十有八九是不知道“荨”字还有qián这个读音的。因此我推测,“荨”被改读为qián,就是根据李时珍在《本草纲目》中的那条注释:“‘荨’字本作‘藜’。”搞传统训诂学的人非常讲究“考本字”,既然“荨”的本字是“藜”,而“藜”又已经统读为qián,那么“荨”字由xún改读为qián也就是理所当然的了。

然而,这样的改读规定是很难在实际的社会语用中贯彻的。“荨”字读xún,“藜”字读qián,这种语音上壁垒分明的差异,早已通过解放前的《中华大字典》、《辞源》、《辞海》等大中型工具书的流行确定了下来,无法混同和相互置换了。现在“荨麻”的“荨”字既没有改写成“藜”,而读音却要舍“荨”从“藜”,把人们早已熟悉的xún改读成生僻难记的qián,其困难是可以想见的。

到了1985年,试行20多年的《初稿》,经过修订以后定名为《普通话异读词审音表》(以下简称《审音表》),由国家语委、国家教委、广电部联合公布。其中关于“荨”字的读音修改如下:

荨(一)qián(文) 荨麻 (二)xún(语) 荨麻疹

上述修改表明,可能是考虑到人们在生活和就医中经常说到、听到的“荨麻疹”都念成 xún má zhěn，因此这个“荨”字便作为口语音恢复读 xún，而一般人很少涉及的纯属植物专科名词的“荨麻”的“荨”，则仍然作为书面用字读作 qián。

从《初稿》到《审音表》的变动中可以看出，有关职能部门对“荨”字读音的修订是煞费苦心的，但这种半吊子式的同字异读的改动，除了进一步增加人们记忆的困难外，又会收到什么好的效果呢！

我认为，“荨”和“藜”的异读是历史的原因造成的，不必也不可能强求统一。既然“藜”字在现代汉语中早已废弃不用，其读音也就不宜再恢复。“荨麻”的“荨”按其声符读作 xún，是由《本草纲目》这部传统药物学名著确定的，不但易学易记，而且有理有据，所以我建议，如果《审音表》再作修订，就应当一劳永逸地把“荨麻”的“荨”字统读为 xún。

（原载《咬文嚼字》2006 年第 10 期）

“壳”字读音的古今演变

在相当一部分古已有之的汉字中，读音的古今演变往往呈现出十分复杂的现象，“壳”就是其中典型的一例。

“壳”字本作“㱿”，后来写作“殼”，建国以后推行简化字时又被简化成了“壳”。在今天不少权威的字典和词典中，它的同一个义项“物体坚硬外皮”被注上了几个不同的读音，而且前后互易，主次不分，让人莫衷一是，难以把握。

表示“物体坚硬外皮”之义的“壳”字，其最早的注音资料在唐代就已经出现了。（南朝梁顾野王的《玉篇》原本已佚，今传宋本已不足为据）例如：

《文选·潘岳〈西征赋〉》：“危素卵之累壳。”李善注：“壳，苦角切。”

又张协《七命》："析龙眼之房，剖椰子之壳。"李善注："壳即核也。凡物内盛者皆谓之壳。苦角切。"

以上两例中表示"动、植物坚硬外皮"的"壳"字，唐人李善都注作"苦角切"。

北宋初年的官修韵书《广韵》可能就是根据唐代李善的注音资料，将"㱿"（《广韵》未收"殼"）字收进"入声觉韵"的，其注云："㱿，皮甲。〔苦角切〕。"值得注意的是，在"入声觉韵"中，与"㱿"处于同一小韵（读音相同）的还有悫、榷、确、埆等字。这些同为"苦角切"的字今音都读 què。以此推理，则"壳"（㱿）字的今音自也当读 què。

"苦角切"的"苦"，其声母今音读 k，这里的切音怎么变成 q 了呢？据古音学家论证，作为反切上字的"苦"，中古音有两种读法：其一，反切下字不带介音 i 和 ü 的，"苦"字声母读洪音 k（主要元音舌位后而低，开口度较大）；其二，反切下字带介音 i 和 ü 的，"苦"字声母读细音 q（主要元音舌位前而高，开口度较小）。这里的反切下字"角"，中古时带有介音 ü，因而反切上字"苦"的声母当作 q。"苦角切"今音理应读 què。

"苦"字这种洪细兼用的现象，往往会引起缺乏古音反切知识者的误读。因此后世的官修韵书便对某些反切用字作了改进。如明初的《洪武正韵》将"壳"字的"苦角切"改为"乞约切"，清代的《音韵阐微》则改为"乞觉切"。这样，经过修改以后的反切上字"乞"就只能读作 q，显然比"苦"字来得准确合理。

民国以后，成书于 1915 年的商务版《辞源》和成书于 1937 年的中华版《辞海》，都承袭了《音韵阐微》的反切再加上直音，注作：“乞觉切，音确。”《辞源》和《辞海》当时在民间有着很大的影响。既然从唐代直至民国年间，“壳”字的传统读音一直以 què（确）为正音，那么，如果没有其他因素的横生枝节，很可能到今天为止，“壳”字仍然会被绝大多数人读作 què 的。

然而，随着汉语读音的不断演变和发展，除了传统正音 què 以外，“壳”字又出现了两个新的读音：

其一为 ké。

“壳”字的中古音属于入声觉韵（见《广韵》），折成今音虽然读 què，但据古音学家考证，它在当时的实际读音应当是ㄎㄛ（此为注音字母，ㄎㄛ后有入声收尾音ㄍ）。1919 年由民国教育部审定出版的《国音字典》就将“殻”和“壳”定音为ㄎㄛ（汉语拼音作 ko），并沿袭旧说，注明“溪开入觉”（即溪纽开口入声觉韵）。当时南方的大多数方言区（如吴语、赣语、粤语、闽南语区等）都读“壳”为入声字，而以北京语音为代表的“国语”（后称普通话）中已经没有入声，“壳”字的读音被转成了阴平声的ㄎㄜ（kē 科）或阳平声的ㄎㄜˊ（ké 咳）。1935 年由商务印书馆出版的《王云五大辞典》在“壳”字条下注了三个读音：

㈠（确）ㄑㄩㄝˋ（què）

㈡（科）ㄎㄜ（kē）

㈢（咳）ㄎㄜˊ（ké）

这里把“科”“咳”二音作为“确”的又读音注出，应当就是根据民国教育部《国音字典》的ㄎㄛ音演变而来的。以后ㄎㄜ(科)音淘汰，“壳”字实际上只剩下了ㄎㄜˊ(咳)一个又读音。

其二为 qiào。

这个新的读音，出现在著名语言学家黎锦熙先生主编的 1947 年版《国语辞典》和 1950 年版《增注中华新韵》中，它们都给“壳”字注了三个读音：

㊀ ㄑㄩㄝˋ(què)

㊁ ㄎㄜˊ(又读)(ké)

㊂ ㄑㄧㄠˋ(语音)(qiào)

这第三个读音ㄑㄧㄠˋ，在传统的音切资料中找不到依据，它是从《国语辞典》中突然冒出来的。作为主编的黎锦老观点很明确：“壳”的正音是ㄑㄩㄝˋ，又读音是ㄎㄜˊ，而ㄑㄧㄠˋ只是个口语音(语音)。黎锦老长期在北京从事语文教学和语言研究工作，许多语言资料都来自北京方言。当时北京把“壳儿”念成ㄎㄜˊ儿(kér)，也念成ㄑㄧㄠˋ儿(qiàor)，黎锦老就把ㄑㄧㄠˋ音收入《国语辞典》，并且明确注为“语音”。这是“壳”字 qiào 音来自北京方言口语的最有力的证明。

从以上的考证中可以看出，大约在上个世纪 40 年代末，“壳”字的读音大致有三个：其传统的正音是 què，ké 是它的又读音，或称文读音，而 qiào 则是来自北京方言的口语音。

新中国成立以后，由于大陆和台湾地区汉语使用情况的某些差别，反映在字、词典中，“壳”字的读音也出现了微妙的不同：

台湾地区比较重视传统读音，书面语仍以 què 为正音，同时也注意吸收新出现的又读音和口语音。例如：

1984 年版《中文形音义综合大字典》：㈠ ㄑㄩㄝˋ（què）㈡ ㄎㄜˊ（ké）㈢ ㄑㄧㄠˋ（qiào）

1985 年版《大辞典》：㈠ ㄑㄩㄝˋ ㈡ 又读ㄎㄜˊ ㈢ 语音ㄑㄧㄠˋ

通过比较可以知道，这两部字、词典“壳”字的注音，是对黎锦熙先生《国语辞典》注音的照单全收。

大陆地区，由于普通话的普遍推广，某些字音变化较大。如“壳”字原来的正音 què，念的人越来越少，到上个世纪 50 年代末，就基本上退出了历史舞台，只剩下 ké、qiào 两个读音，但在这两个读音中，究竟应以何者为正音，在音义的区别上又应如何划分，还存在着笼统含糊、让人莫衷一是的问题。

事情的起因发生在 1963 年。当时的普通话审音委员会公布了《普通话异读词三次审音总表（初稿）》，对“壳”字的 ké、qiào 两个异读音作了如下的规定和说明：

壳（一）ké（语）～儿　贝～儿　脑～　驳～枪
（二）qiào（文）地～　甲～　躯～

这里关于“语”、“文”二字的附注有着明显的差错。黎锦老明明把 ké 定为传统正音 què 的“又读”音，这“又读”来自书面语，《审音总表》却把它定为口语音（语）；而黎锦老原本注明为口语音（语音）的 qiào，却被《审音总表》定成了书面语的文读音（文）。这样做，显然推翻了黎锦老当年研究所得的正确结论。这对大陆的语言学界和字、词典的编纂产生了误导的作用。请看在此后大陆出版的几部字、词典中“壳”字的注音：

1988 年版新《辞源》：qiào

1988 年版《汉语大字典》：qiào

1990 年版《汉语大词典》：qiào，或读 ké

1996 年版《现代汉语词典》：qiào ké〈口〉

1997 年版《中华古汉语字典》：qiào

以上五部字、词典，都以 qiào 为“壳”字的正音，显然是受了《审音总表》的影响。因为该表明确规定 qiào 是文读音而 ké 只是口语音，于是这些字、词典便顺理成章地把 qiào 定成了正音，而将 ké 放到“或读”的次要地位。这样做显然是不妥当的。

另外有些字、词典没有理会《审音总表》的规定，作了与之相反的处理。如：

1989 年版《新华词典》：㊀ ké ㊁ qiào

1989 年版《中国医籍字典》：㊀ké ㊁ qiào

比较有意思的是修订版《辞海》，它在前后的修订中作了不同的处理：

1979 年修订版：qiào，旧读 ké

1989 年修订版
1999 年修订版——ké，读音 qiào
2009 年修订版

以上四次修订，1979 年版受《审音总表》的影响，以 qiào 为正音，将 ké 定为“旧读”。但从 1989 年版开始，作了适当的调整，将 ké 定为正音，而 qiào 则作为 ké 的异读或又读音。这样的改变，显然是从语音的使用实际出发而作出的。只是 qiào 前面的“读音”二字注得不够确切。因为黎锦老说 qiào 是口语音（语音）。“读音”则一般理解为读书音，而不是口语音。

最后说一下，按照现在语言运用和发展的实际，“壳”字的正音究竟应当定为 ké 还是 qiào 呢？我个人的看法是：ké 和 qiào 的不同读音，实际上并无辨义的作用，其意义都是“坚硬的外皮”，只是按照具体的词语分别异读而已。根据目前字、词典提供的例子，读 qiào 的“壳”字用例只有甲壳、地壳、金蝉脱壳等很少几个，而读 ké 的“壳”字用例却要多得多，如贝壳、脑壳、卡壳、出壳、去壳、蚌壳、蚶壳、躯壳、鸟壳、龟壳、鳖壳、箬壳、鸡蛋壳、子弹壳、蜗牛壳、螺蛳壳，等等。此外，“壳”字的 qiào 音似乎只存在于北京方言中，在广大的南方方言区里，人们用普通话读“壳”字时，基本上只读 ké 而不读 qiào，即使对字、词典所举的甲壳、地壳、金蝉脱壳等词语中规定读 qiào 的“壳”字，一般也习惯于读 ké。这种情况表明，汉语中带“壳”而读 ké 的词语及读 ké 的人数很多，要远远超过读 qiào 的词语及人数。后者主要存在于北京方言地区。因此，今天应当以 ké 为“壳”字的正音，尽量少读或不读 qiào 音，使之逐渐淘汰出局。

谈“华”字的读音

在现代汉语中，“华”是个常用字，人们看到“中华”“豪华”“才华”“华侨”“华丽”“华灯”“华夏子孙”“荣华富贵”“华而不实”等词语中的“华”字，一般都能准确地念出它的读音 huá。

但是，“华”字还有其他几个读音，识别起来比较麻烦。它们主要是古代的通假义以及某些地名和姓氏义的读音。如果只用于古代，现在的一般人不知道倒也罢了，问题在于，某些意义的读音，许多人至今还在日常生活和学习中碰到，读错了往往会贻笑大方。因此，介绍一些有关的知识，帮助年轻的读者辨义正音，我想不会是完全无益的。

首先谈通假义“华”。在古代可以通“花”，就是“鲜花”“花卉”的“花”。这个意义，应当读 huā 而不能读 huá。例如《周易·大过》：“枯杨生华。”是说枯槁的杨树开了花。又如陶渊明《拟古诗》:“灼灼叶中华。”《桃花扇·逃难》:“可有莲华并蒂开。”这两个“华”字都与“花”字音义完全相同。此外,元朝吴昌龄的《东坡梦》第三折有句:“露冷霜华重。”这里的“霜华”也即“霜花”,是用白花来比拟满地的浓霜。人们熟悉的成语“春华秋实”,是说春天开花,秋天结实。此“华”也通“花”,不过由名词用成了动词。这一成语现代还有人用,老舍先生 1953 年写过一部话剧,剧名就叫“春华秋实”。这个“华”字历来读 huā,《现代汉语词典》注作 huá,在理据上似乎有点说不通。

再谈地名义。中国古代,有部分地名中的“华”字读音特殊,沿用到今天的,主要有位于陕西省境内的西岳华山和华县以及与之有关的几个地方。

“华山”的“华”,古代本有 huá、huà 两读,后来 huá 音淘汰,专读 huà 音,假如有人再读 huá,就会被认为是念错了。由“华山”得名的道路和建筑物,如上海的华山路、华山饭店等,其“华”字也应念 huà。还有,古时称山的北面叫阴,南面叫阳。汉代有个华阴县(今陕西华阴市),就是因位于华山之阴(北面)而得名。《尚书·禹贡》说:“华阳、黑水惟梁州。”这个“华阳”,也因位于华山之阳(南面)而得名。两个“华”字都读 huà。但是,中国被称作“华阳”的地名还有一些,如:过去四川省中部有个华阳县(1968 年撤销,并入双流县),安徽省望江县和绩溪县都有华阳镇,江苏省句容、金坛两市之间的茅山有华阳洞,这些地名都与西岳华山无关,因而其中的“华”字都读 huá 而不读 huà。至于其他带有“华”字而与华山无关的地名,当然也照此办理,如《春秋左传》里提到的华不注山(在今山东省),古代寓言中有华胥图,三国时曹操赤壁战败后逃跑经过的华容道（在今湖北省），河南洛阳有古宫苑华林园，陕西骊山下有唐代开凿的华清池，上海松江旧名华亭，等等。这些名称中的“华”字显然都应读 huá。

“华县”是现代地名。1913 年以前名华州，因其地前据华山，可能也由此而得名，所以这个“华”字应读 huà。

总之，地名中“华”字的读音，只要根据上面所定的辨别原则，就可以大体上分清。当然，没有把握时，还应查一查有关的工具书。

最后谈姓氏义。过去一般认为，“华”姓都读 huà。这种说法，如果就汉族而言，大体上是对的。如春秋时宋国有华元，汉末有名医华佗，清代有画家华嵒（yán），当代有作家华山、漫画家华君武、数学家华罗庚等，这些“华”姓历来都读 huà。《现代汉语词典》在此项姓氏义下加了一句说：“近年也有读 huá 的。”这种模棱两可的说法，其效果是不好的。众所周知，姓氏读音的传承性是相当稳固的，一般不会轻易改变。汉族“华”姓两千多年来都读 huà，不仅大陆，而且海外也如此。当然，少数人由于不知道“华”姓的特殊读音，读成 huá 是可以理解的，但不宜加以肯定，而是应当通过字典等工具书去帮助他们纠正，以有利于语音的规范化。

上面说的是汉族的“华”姓。至于满族的“华”姓则又当别论了。石继昌先生在《满族人名的读音（下）》（见《春明旧事》286—287 页）中，引用清代末科榜眼朱聘三的话说：“中华的华字作为姓氏，汉族人读仄声，音化；满族人读平声，音滑。这是由于汉族华氏之祖，食邑于华，以地为氏，华即华山、华县之华，音化；满族之华，如安南将军华善，川陕总督华显，其华字不是地名，音滑。天津南开大学华粹深教授……是爱新觉罗氏名书法家宝瑞臣先生(熙)之孙,以华为姓。和津门四大书家之一的华璧老(世奎)有别,一满一汉,读音则一平一仄。”

如果我们的字、词典,能够从满、汉两个“华”姓的区分上,把这个问题讲清楚,然后将其按民族分列为 huá、huà 二音,这倒是一个合理的办法。比起那种“近年也有读 huá 的”含混说法来,我以为要好得多。

(原载《咬文嚼字》2010 年第 6 期)

“大”字原本不读 dà

现代汉语中“大小”的“大”读 dà,但双音词“大王”的“大”却有两个读音:用于称古代国君或诸侯王时读 dà,用于称戏曲中的强盗头目时则读 dài。另外,“大夫”也是这样:用于称古代职官“卿大夫”时读 dà,而用于称看病的医生时则读 dài。时常见到有人把该读 dà 的地方读成了 dài,把该读 dài 的地方又读成了 dà。

经过仔细的查检和考辨,我发现“大”字古今读音的演变有点出人意料,耐人寻味,值得作一番深入的探讨。

作为表示事物大小的“大”,在现代的普通话以及北方许多方言中都读 dà,但翻遍了古代所有的字、词典,却找不到可以折成现代 dà 音的反切资料。例如:

《玉篇·大部》:“大,达赖切。”《玉篇》为南朝梁顾野王所撰。这是“大”字见于字典的最早音切资料,它读 dài 而不读 dà。《说文》的反切，引自唐代孙愐的《唐韵》，其“大”字的注音为徒盖切，也读 dài 而不读 dà。由此可见，“大”字最早的读音只有一个：dài。

大概是从唐代开始，“大”字出现了新的读音，例如杜甫《天狗赋》云：

> 真雄姿之自异兮，
> 已历块而高卧。
> 不爱力以许人兮，
> 能绝等以为大。

这里，杜甫将“大”与“卧”押韵。“卧”字《广韵》属“去声过韵”，读“吾货切”（wò），“大”字与其押韵，韵母必定相同或相近。《广韵》将“大”收入“去声箇韵”，注为“唐佐切”（duò），“过”“箇”二韵因音近而可以同用通押。由此可见，“大”字的 duò 音就是根据唐代已经通行的新的读音吸收进北宋初年编纂的《广韵》中来的，《广韵》以后直至清代的字、韵书，如《集韵》《古今韵会举要》《洪武正韵》《音韵阐微》《字彙》《康熙字典》等，基本上都承袭了 dài、duò 二音，没有再进一步发展和增添新的读音（“大”通“太”的读音 tài 及其又读音 tuò 作为两个不同的字而不算在内）。

那么，“大”字的 dà 音是什么时候进入字、韵书的呢？答曰：民国成立以后，但也不是一开始就有 dà 音的。我手头有一本 1913 年（民国二年）商务印书馆出版的《新字典》，其 70 页下栏“大”字条下的注音是：

大，徒盖切，泰韵，又唐佐切，音驮，箇韵。

两年以后的1915年（民国四年），《中华大字典》和《辞源》，分别由中华书局和商务印书馆出版。前者的“大”字注音与《新字典》相同，《辞源》的注音如下：

大，铎艾切，泰韵；又铎饿切，音驮，箇韵。

除了反切上下字换了不同的字以外，按照反切原理拼切出来的读音仍然只有dài、duò二音而没有dà音。一直要到1919年（民国八年），北洋政府的教育部正式公布了注音字母后，同年出版的《国音字典》才第一次于“大”字条下注上了ㄉㄚˋ（dà），作为全国统一的国语标准音。

读者也许会问，你前面写到，“大”字的“唐佐切”（duò）音被《广韵》收录，是有民间的读音作为依据的，这有杜甫的《天狗赋》为证。那么，《国音字典》将“大”字的现代读音统一定为dà，有没有语言的客观依据呢？答曰：当然也有，而且数量要远远超过杜甫的《天狗赋》。它的大量例证就出在元代以北方方言为主的说唱文学杂剧中。

我曾经花了两天时间，逐篇查检了《元曲选》《元曲选外编》收录的162个杂剧剧本，发现其中唱词有以“大”字押韵的段落52处。这些入韵的“大”字，共有ai、uo、a三种韵母。限于篇幅，前二韵下面各举一例：

《周公摄政》第四折

天心与人意和谐，
非是臣威风大。
只因君前过改，
禾复起枯树上花开。

《小张屠》第二折

那里是哭的声音大，
到来日只少个殃人祸。
儿女是金枷玉锁，
你道他悲理当合。

大家知道，元朝时北方话中的入声已逐步消失，元曲唱词中的韵又是平仄通押的。上面所引《周公摄政》一例，押的是 ai 韵，其“大”字应当读 dài；《小张屠》一例，押的是 uo 韵，其“大”字应当读 duò。这两例符合“大”字的传统读音。再看第三种韵母的三个例子：

《鸳鸯被》第二折

不由我意张狂的惊乍，
谁曾向街巷行踏。
夜深也紧避在屋檐下，
方信道色胆有天来大。

《合汗衫》第二折

这打珓儿信着谁人话，
无事也待离家。
你爹娘年纪多高大，
怎不想承欢膝下。

《看钱奴》第一折

真乃是井底鸣蛙，
似这等待穷民胆量些儿大。
则你那酸寒乞俭，
怎消得富贵荣华。

以上三例中的“大”字，押的都是 a 韵，因此只能读 dà，不可能读作 dài 或 duò。这个读音其实已经反映在元代专为曲词押韵使用而编纂的民间韵书中。如周德清的《中原音韵》“家麻韵”去声中就收有“大”字；卓从之《中州音韵》“家麻韵”去声中的“大”字注作“堂那切”，正好读 dà。由此可见，“大”字的 dà 音，早在元代初年就已流行于民间的口语中，不过没有被收入以记录传统读书音为主的官修韵书而已。

上面论证了“大”字 dà 音的来历，足证 1919 年（民国八年）北洋政府教育部读音统一会编纂出版的《国音字典》为“大”字所定的标准音，是完全有客观语言作为依据的。但是这一规定，并没有被以后编纂的所有词典遵照执行。例如1937年(民国二十六年)中华书局出版的《辞海》仍然沿袭《辞源》,只注dài、duò二音而不注dà音。

不过,随着时代的推移,由政府职能部门统一规范的读音毕竟影响越来越大,如1935年出版的《王云五大辞典》、1941年出版的《中华新韵》和1947年出版的《国语辞典》,都用注音字母将"大"字的读音统一注为ㄉㄚˋ(dà),全国各地无分南北都在逐步推广普及,其发展趋势已不可逆转。

新中国成立以后,新编的《新华字典》《四角号码新词典》《现代汉语词典》,以及修订后新版的《辞源》《辞海》,都无一例外地按照普通话的标准读音将"大"字的正音定为dà,而duò音被废除,只有口语词"大王"(强盗头目)和"大夫"(医生)中的"大"还保留着传统的读音dài。这种情况,完全是人们语言运用的实践长期发展演变的结果。

(原载《咬文嚼字》2010年第6期)

引书指谬

引用古人名言要准确

陈鸿祥先生在《处士、黉门及其他》一文中写道：

> 李颙他老人家活到七十八岁，与他同期的顾炎武（1613—1682）年及虚岁整七十。“人活七十古来稀”。（《文学自由谈》2008 年第 1 期第 155 页）

“人活七十古来稀”这句话，由于经常被引用，许多人恐怕已经耳熟能详了，但上文引述时却错了一个字。此句出自唐代大诗人杜甫的《曲江二首》之二：

> 朝回日日典春衣，每日江头尽醉归。
> 酒债寻常行处有，人生七十古来稀。

穿花蛱蝶深深见，点水蜻蜓款款飞。

传语风光共流转，暂时相赏莫相违。

杜甫原诗作“人生七十古来稀”，陈先生把“生”字误成了“活”，虽然总的意思没变，但破坏了原有的格律，扰乱了人们对这一名句的记忆。这种差错，完全是由读书粗疏造成的。

曾伯炎先生在《垢病倚老卖老》一文中写道：

如原北大校长马寅初那种坚持自己独立学术见解的老人，“明知寡不敌众，自当单枪匹马出来应战，直至战死为止”，真有“虽千万人，无往矣”的勇气，何其伟哉！(《文学自由谈》2008 年第 1 期第 135 页)

上面的最后一句引文“虽千万人，无往矣”，恐怕不少读者会看得莫名其妙。这句话明明是在赞扬马寅初先生：只要真理在手，哪怕前面有“千万人”对阵，自己单枪匹马也会冲上前去。可作者怎么叫他“无往(不要前往)”呢？为了解开谜团，让我先把这句话的出处引录一下：

《孟子·公孙丑上》：“昔者曾子谓子襄曰：‘子好勇乎？吾尝闻大勇于夫子矣：自反而不缩，虽褐宽博，吾不惴焉；自反而缩，虽千万人，吾往矣！’”

这段话的意思是：从前孔子的学生曾子对自己的学生子襄说：

“你喜欢勇敢吗？我曾经从孔老师那里听到过关于大勇的言论：反躬自问，如果感到自己理屈，那么即使对方是个地位卑下的人，我也不会去吓唬他；反躬自问，如果感到自己理直，那么即使面临千军万马，我也敢于冲向前去。”

《孟子》原文中的“吾往矣”被误成了“无往矣”，这就把一位敢于为真理而战的勇者变成了临阵退缩的懦夫。

最后附带提一下：曾先生文章标题中的“垢病”应当作“诟病”。他在正文里写到过“引人诟病”，“诟”字不误，可见标题中的“垢”属于排校差错。

“生财有大道”不是孔子所说

电视连续剧《乔家大院》第17集中，主人公乔致庸说：“孔夫子说：‘生财有大道。’”把这句流传甚广的古语当作儒家创始人孔子的言论，显然是没有根据的。

上引的这句话，出自《礼记·大学》：“生财有大道：生之者众，食之者寡，为之者疾，用之者舒，则财恒足矣。”其大意是说：“增加财富有条重要的原则：生产财富的人要多，消耗财富的人要少，积起来要快，用起来要慢，这样财富就会永远充足了。”按照惯例，凡儒家经典，在引用孔子的话时，一般都会在前面写明“子曰”或“孔子曰”。例如《大学》第五节有句：“子曰：‘听讼，吾犹人也，必也使无讼乎！’”这句有关“听讼”的话，也见于《论语·颜渊》，可以肯定是孔子所说，而《大学》第十一节“生财有大道”一语前面，并没有“子曰”或“孔子曰”的字样，也不见于其他的儒家经典，将其定为孔子的言论是毫无根据的。

过去曾经有人认为,《大学》是孔子的学生曾参所著,因此“生财有大道”这句话应当是曾子所说,但后来的学者否定了这一说法。因为前人除了推测以外,找不到任何史料上的依据。此外在《大学》的第七节中写道:“曾子曰:‘十目所视,十手所指,其严乎!’”既然这篇文章自己转引了曾子的话,那就足以证明它不是曾子所著,其作者应当属于曾子的后学。

(原载《咬文嚼字》2009 年第 3 期,署笔名曾史)

“鸭鸣呷呷”出何处？

《汉语大词典·口部》收有“呷呷”条：

> 【呷呷】(gā gā)象声词。鸭叫声。《尔雅·释鸟》：“鸭鸣呷呷。”……

经查检，《尔雅·释鸟》根本没有“鸭鸣呷呷”这样的话，就连宋代邢昺《尔雅正义》和清代郝懿行《尔雅义疏》这两部广泛征引大量典籍考释《尔雅》音义的学术专著，也没有提到“鸭鸣呷呷”，可见《汉语大词典》的这条书证引错了。

其实，“鸭鸣呷呷”一语出自《禽经》。据《辞源》(修订版)注释：

【禽经】一卷。旧题师旷撰，晋张华注，实皆后人依托。所载均为飞禽之类。宋陆佃《埤雅》始引其书。

陆佃为北宋名臣，是爱国诗人陆游的祖父。他所撰《埤雅》一书，是增补《尔雅》的专著，其中卷九《释鸟·鹊》引《禽经》曰：

乌鸣哑哑，鸾鸣噰噰，凤鸣喈喈，皇鸣啾啾，雉鸣鷕鷕，鸡鸣咿咿，莺鸣嘤嘤，鹊鸣唶唶，鸭鸣呷呷，鹄鸣哠哠，鸱鸣嚊嚊。

此外，南宋学者罗愿撰有《尔雅翼》一书，也是一部考证、解释《尔雅》的名著。其中卷十七《释鸟五·鹜》条下同样引了《禽经》，文字与《埤雅》所引一字不差，足证《汉语大词典》确实是引错了。

《辞海》1999 年修订版，原来的“呷呷”条只引了唐李白《大猎赋》的书证，2009 年修订时，初稿中依据《汉语大词典》抄进了“《尔雅·释鸟》：‘鸭鸣呷呷。’”这条错误的书证。经指出后，编辑将“尔雅”改为“埤雅”，纠正了初稿的谬误，遗憾的是，没有进一步注明这是《埤雅》转引《禽经》的话。看来只能留待下一版修订时再作弥补了。

应是“海上生明月”

《望月怀远》是唐代诗人张九龄的名作，在《唐诗三百首》的五言律诗中，这首诗排在第二。诗的开头两句——“海上生明月，天涯共此时”，一向引用率甚高，在思乡怀人的散文中时有所见，特别是到了中秋节，更是频频亮相于报刊，亮相于荧屏，甚至成了联欢晚会的会标用语。然而，遗憾的是，“海上生明月”往往误为“海上升明月”。

“海上生明月”一句，历代论家认为是“意境雄浑阔大”的千古佳句。人们吟诵着它，就仿佛看到了一轮明月正从无垠的大海中腾涌而出，粼粼的波光闪烁通明，把天地之间映照成一片银色的世界。这里，“生”字堪称是全篇的诗眼，它点明了大海与明月的关系，在读者的心中留下了深刻的印象。

而“海上升明月”呢？虽然和“海上生明月”仅一字之差，而且

“升”“生”二字读音完全相同,但给人的感觉却大不一样。它只是就景写景,大海成了一个地点,一个背景,和月亮的关系显得模糊。原诗中的那种壮阔、雄奇、灵动的气象因此大为减弱以至完全消失。这可以说是点金成铁的一个实例。

诗无达诂。也许在你看来,“生”字未必佳,“升”字未必不佳,那我们至少应该遵循一条原则,那就是引用必须忠实于原文。查张九龄诗作的各种版本以及历代诗歌的各种选本,从未见有作“海上升明月”的。

(原载《咬文嚼字》2008 年第 2 期,署笔名省庐)

“清波”小考

春节联欢晚会有个小品节目叫《“打工”幼儿园》。舞台上有块书写板，上面写着《咏鹅》诗：“鹅鹅鹅，曲项向天歌。白毛浮绿水，红掌拨青波。”最后一句的“青波”二字，应作“清波”。

这首诗的作者是初唐四杰之一的骆宾王，相传为他七岁时所作。我查了清初编纂的《全唐诗》和清代咸丰年间陈熙晋笺注的《骆临海集》，“青波”都作“清波”。南宋计有功撰著的《唐诗纪事》卷七所录此诗也作“清波”。至今没有发现哪一种版本是印作“青波”的。

“青波”虽说得通，但不应擅改古人的作品。何况，两者相比，有优劣之分。上句“绿水”，谈的是色；下句“清波”，谈的是质。一个碧绿，一个清澈，赏心悦目。误“清”为“青”，和上句的“绿”成了同义反复。

（原载《咬文嚼字》2006 年第 3 期，署笔名曾史）

“新浦”岂能绿？

明成祖朱棣是以“靖难”的名义打进南京，篡夺侄子建文帝的皇位的。建文帝生死不明，不知所终，成为明史一大悬案。相传建文帝曾逃亡到四川、广西、贵州等地，还在各地留下了一些诗作。下面是他在广西写的一首诗：

牢落西南四十秋，
萧萧白发已盈头。
乾坤有恨家何在？
江汉无情水自流。
长乐宫中云气散，
朝元阁上雨声收。
新蒲细柳年年绿，

野老吞声哭未休。

这首七律诗意浅明。建文帝从皇位跌落时，年仅25岁，浪迹江湖四十年，成了“萧萧白发已盈头”的老人。“新蒲细柳年年绿，野老吞声哭未休”。充满生机的春天年年到来。但岁月流逝，他却复仇无望，只能抱恨终身，这是怎样凄凉的人生！

这首七律的尾联，其实化用的是杜甫《哀江头》中的诗意，杜诗开头四句是：

少陵野老吞声哭，
春日潜行曲江曲。
江头宫殿锁千门，
细柳新蒲为谁绿？

杜诗中的“细柳新蒲”，指的是岸上细柔的柳条，水中返青的蒲草，描写的是春天的一派生机，感慨的是世事变迁的无常。

建文帝化用杜诗，以发自己哀怨悲愤的情怀，可算得当。但遗憾的是，毛佩琦先生在《百家讲坛》和他的图书中引用建文帝这首七律时，都将“新蒲”错成了“新浦”。“浦”本义指水滨，无所谓新旧，更不会“年年绿”。估计是一时疏忽致误吧！

（原载《咬文嚼字》2008年第4期，署笔名省庐）

说这话的是告子

“食、色，性也”是句古语，意思是说：食欲与色欲，是每一个人与生俱来的本性。爱读书看报的人都会发觉，这一句话有着很高的引用率，可这句话到底是谁说的，却往往会张冠李戴。

有人说是孔子说的，其实不是。这可能和这句话表达的意思，和儒家的学说一脉相承有关。《礼记·礼运》篇中便有类似的说法：“饮食男女，人之大欲存焉。”但观点相同并不等于作者相同。

有人说是孟子说的，其实也不是。这可能和这句话出自《孟子·告子上》有关，但孟子和《孟子》并不是一回事。“孟子”名轲，相传曾受业于孔子之孙孔伋（子思）的门人，是战国时代儒家学派的重要代表人物，而《孟子》则是记载孟子及其弟子的各项活动，以及政治、教育、哲学、伦理等学说和思想的一部著作。《孟子》中有些话是孟子说的，有些话不是孟子说的，人和书不能混为一谈。

《孟子》全书共分七卷,每卷又分上下两篇;《告子上》是第六卷《告子》的上篇。由于该卷开头连续记载了几段告子的议论,因此编撰者便用“告子”作为全卷的名称。书中其实说得很清楚:“告子曰:‘食、色,性也。’”说话的人明明就是告子,怎么能莫名其妙地挂到孟子头上去呢?

有人不熟悉告子为何许人,甚至认为“告子”二字是“告诫儿子”的意思,这是彻头彻尾的误读。告子姓告,“子”是古代对有学问的人的美称。据《孟子》一书的注家、东汉学者赵岐说:告子名不害,是战国时代一位兼治儒家和墨家学说的学者,曾在孟子的门下学习过,也有人说他是墨子的弟子。近代的国学大师梁启超则另有一说,他认为告子可能是孟子的前辈,曾经针对孟子的“性善论”,提出“性无善恶论”,与孟子进行过激烈的论辩,被孟子指斥为“率天下之人而祸仁义”。他没有专门的著作留传下来,主要言论就记载在《孟子·告子上》里。

以后再引用“食、色,性也”,你可要小心一点。这可是告子的名言噢。

(原载《咬文嚼字》2007 年第 3 期)

这十六字出在《尚书·大禹谟》中

《随笔》杂志2009年第1期刊登段怀清先生的《胡兰成与〈战难和亦不易〉》一文，其中引用了一段先秦典籍的名言：

> 《荀子》曰："人心惟危，道心惟微；惟精惟一，允执厥中。"（第158页）

以上所引的十六字，在古代儒家经典中是相当有名的，但它并不见于《荀子》一书，而是出自《尚书·大禹谟》。在《尚书》原文里，传说中的帝王舜对受命治理洪水并即将继承君位的禹作了谆谆的告诫：

> 帝曰："来，禹，降（一本作'洚'）水儆予，成允成功，

惟汝贤……予懋乃德，嘉乃丕绩。天之历数在汝躬，汝终陟元后。人心惟危，道心惟微，惟精惟一，允执厥中。”（中华书局1980年版影印本《十三经注疏》第136页）

这段话的大意是：

舜帝说：“来，禹，洪水之灾警示我们，你能信守承诺，成功地平治了水患，你确实是个贤才……我褒扬你的德行，赞美你的功勋。现在天命降临到你的身上，你终于可以登上君主的大位了。但你必须了解，人心是变动不安的，天道是幽微难明的，要使自己立于不败之地，必须精诚专一，始终不渝地实行中正之道。”

根据清代学者的考证，《大禹谟》这篇文章，属于《伪古文尚书》，作伪者乃三国魏时的学者王肃。其中某些语句是从其他先秦典籍中摘取后经过改饰拼缀而成的。例如上引十六字中的“允执厥中”就来自《论语·尧曰》的“允执其中”，仅仅将原文的“其”字改成同义的“厥”。又如“人心惟危，道心惟微”两句，也可从《荀子》一书中找到类似的话语，请看：

《荀子·解蔽》：“故《道经》曰：‘人心之危，道心之微。’危微之幾，惟明君子而后能知之。”

这里，“人心之危，道心之微”两句，与“人心惟危，道心惟微”，上下仅各有一字之差，而“之”与“惟”都是没有实际意义的语助词，可以互换通用，改造的痕迹是相当明显的。所以，清代学者郝懿行的《荀子补注》指出，《尚书·大禹谟》中的“人心惟危，道心惟微”就取自《荀子·解蔽》的“人心之危，道心之微”。不过，现在的问题是，《尚书·大禹谟》在将《荀子·解蔽》原文“人心之危，道心之微”改成“人心惟危，道心惟微”以后，又加上了“惟精惟一，允执厥中”八字，这与《荀子·解蔽》两句后面的“危微之幾，惟明君子而后能知之”相比，无论从句式或内容都有了明显的区别，不能再混为一谈。所以，段怀清先生的引用方法是不对的，让人感到犯了张冠李戴的错误。正确的写法应当是：

> 《尚书·大禹谟》曰：“人心惟危，道心惟微，惟精惟一，允执厥中。”

文史杂考

《战国策》的作者是汉代刘向吗？

在目前出版的文史通俗读物中，经常会出现一些作者和著作对不上号的差错，例如：

> 汉代刘向在他著的《战国策》里是这样说的："田肥美，民殷富……"

这里引号中的"田肥美，民殷富"两句话，确实出自《战国策·秦策一》的"苏秦始将连横"章，说得一点没错，但文章的作者将《战国策》这部历史典籍说成是"汉代刘向"所著，就有点牛头不对马嘴了。

上海古籍出版社 1978 年曾经整理出版了一部点校本《战国策》。该社在《出版说明》中对本书的异名、成书经过、辑录者和整理者都作了扼要的介绍：

> 《战国策》简称《国策》。相传原系战国时期各国史官或策士辑录，有《国策》、《国事》、《事语》、《短长》、《长书》等不同名称。西汉时，刘向进行了整理，按战国时期秦、齐、楚、赵等十二国次序，删去重复，编订为三十三篇，并定名为《战国策》。

根据以上介绍，再参考其他的有关研究著作可知，《战国策》不是由一国一人所著。它的作者早已失传。原书的内容是由战国时期各国的史官和策士辑录而成。西汉建立以后，这些零乱的简册都保存在皇家秘室中。西汉末年，光禄大夫刘向受诏领校中五经秘书，始将这些简册整理成三十三篇，分系于东周、西周、秦、齐、楚、赵、魏、韩、燕、宋、卫、中山十二国别之中，定名为《战国策》。可见刘向只是《战国策》的整理者，而不是作者。

两汉、两晋和《石头记》作者

《高中生之友》2005年第9期刊载"新锐作文"《找寻那一份细微》,其中写道:

> 从贾谊的《过秦论》,我认识到两汉文章的雄健;从竹林七贤的文章中,我认识到两晋文章(的)睿智;……从曹霈的《石头记》,我认识到清代小说的俊秀。

贾谊的一生,都是在西汉度过的,从他的《过秦论》中,怎么能读出东汉文章的雄健?竹林七贤,指的是嵇康、阮籍、山涛、向秀、刘伶、王戎和阮咸,其中没有一个人活到东晋,东晋文章的睿智,又怎么能从他们那里去认识?清代小说《石头记》是

《红楼梦》的别名，它的作者不是“曹霈”，应当写作“曹霑”，也就是天下闻名的曹雪芹。

（原载《咬文嚼字》2006年第7期，署笔名封常曦）

《论语》究竟多少字?

于丹女士在《于丹〈论语〉心得》之四《君子之道》中说:

> “君子”是孔夫子心目中理想的人格标准,一部短短两万多字的《论语》,“君子”这个词就出现了一百多次。

《论语》总字数是“两万多字”,于女士多次说过,似乎很有把握;然而,这个结论不知于女士是怎样得出来的。

上海古籍出版社1983年版黄侃手批《白文十三经》中《论语》最后附有统计字数:

> 郑晭(gēng)老曰一万三千七百字(“三”一作“二”)
>
> 欧阳公《读书法》作一万一千七百五字

上列统计数字出入相当大，同一个人的统计都有相差 1 000 以上的两种说法，看来他们的计算不太靠谱，《论语》到底有多少字数呢？黄侃手批的《白文十三经》字体较大，排列整齐，不夹杂后人的注释，每页排满 13 行，每行均为 32 字，统计起来十分方便。于是我自己动手，逐篇计算，结果如下：

(1)《学而》　493 字

(2)《为政》　579 字

(3)《八佾》　689 字

(4)《里仁》　501 字

(5)《公冶长》　869 字

(6)《雍也》　816 字

(7)《述而》　873 字

(8)《泰伯》　613 字

(9)《子罕》　806 字

(10)《乡党》　642 字

(11)《先进》　1 054 字

(12)《颜渊》　992 字

(13)《子路》　1 035 字

(14)《宪问》　1 340 字

(15)《卫灵公》　904 字

(16)《季氏》　863 字

(17)《阳货》　1 019 字

(18)《微子》　618 字

(19)《子张》　842 字

（20）《尧曰》　　　370 字

以上各篇，篇名字数未计在内。将 20 篇字数相加，可得出《论语》的总字数为 15 918 字。

《于丹〈论语〉心得》一书中附有《论语》原文，其字数与黄侃《白文十三经》中《论语》的字数是一样的。可见，于丹女士说《论语》的字数有“两万多字”只是一个想当然的说法，当不得真的。

（原载《咬文嚼字》2008 年第 1 期，署笔名曾史）

是哪个皇帝把韩愈贬往潮阳的？

——读余秋雨《中国戏剧史》札记之一

不久前，《余秋雨学术专著系列》中的《中国戏剧史》出版了。有朋友送了我一册。闲来随手翻翻，竟然又发现好多处文史差错。其中有的比较冷僻专门，考证起来颇费周折，但有的则稍加点拨，即不难明辨。这里随便举个例子来说一说。余秋雨先生在该书第46页上写道：

> 据记载，唐代咸通年间著名演员李可及曾在唐懿宗面前表演过参军戏《三教论衡》。这个参军戏，并没有直接对唐懿宗提出讽谏，而是嘲弄了社会上的宗教观念。对此，当时有人认为是狐媚不稽之词。照理，这对李可及来说仍然是危险的，因为唐懿宗对宗教的事情很敏感，曾

为此贬谪过身踞高位的文学家韩愈，韩愈在贬途中写下的悲剧性诗句"一封朝奏九重天，夕贬潮阳路八千"，"云横秦岭家何在，雪拥蓝关马不前"人所共知。（余秋雨《中国戏剧史》，上海教育出版社 2006 年 5 月版）

在这段文字里，余秋雨一共提到了三个人，即唐懿宗和他的两位臣子：一位是为他"表演过参军戏"的"著名演员李可及"，另一位则是被他"贬谪过"的"身踞高位的文学家韩愈"。

我不是一个专治唐代文学的人，但在大学里曾经读过游国恩先生主编的《中国文学史》，知道韩愈在长安任职时因上表谏迎佛骨而被皇帝贬往八千里外的潮州（即潮阳）去当刺史。这位皇帝是唐宪宗而不是唐懿宗。查《新唐书》皇帝本纪，懿宗（833—873）是宪宗（778—820）的孙子。韩愈（768—824）与宪宗同辈，他去世的时候，懿宗还没有出生，怎么可能去贬谪韩愈呢？余秋雨这样大大咧咧地乱说一气，从治学上讲，确实是不够严谨的。

余秋雨在同页上注明这段文字出自高彦休的《唐阙史》。我查了该书卷下的《李可及戏三教》，发现其中只记载了李可及"咸通中"为宫廷优人（演戏的人），曾在延庆节（唐以农历七月四日懿宗生日为延庆节）那天演《三教论衡》于宫中，由于所述十分风趣，致使"上意极欢，宠锡甚厚"。"咸通"是唐懿宗的年号，因此这里的"上"就是指唐懿宗。全篇文字根本没有也不可能涉及生活在唐宪宗时代的韩愈。实在不知道余秋雨怎么会想到让他起死回生再去潮阳走一回的。

余先生在本书的《新版自序》中，极力强调要"力图摆脱以'史料'替代'史识'的弊病"。这话本来并不错。但史识再重要,也并不意味着可以完全不顾史料而信口开河。要知道这类差错一多,你在学术研究中得出的结论还怎么让人相信呢?

(原载于2006年7月21日《文汇读书周报》第3版"读者短笺")

叫人何处觅《唐史》?

孙丹林先生在《品读历史人物》的自序中,引用了唐太宗所说的一段名言:

> 人以铜为鉴,可正衣冠;以史为鉴,可知兴替;以人为鉴,可知得失……(《唐史》)

孙先生注明这段话的出处是"《唐史》",然而,"唐史"只是泛指唐代的历史或是记载唐代历史的著作,在古代典籍中并没有一部名叫"唐史"的专书。

唐太宗的上述名言,存在着好几种不同的文本,下面笔者选录其中的三种:

（一）以铜为镜，可以正衣冠；以古为镜，可以知兴替；以人为镜，可以知得失。（唐吴兢《贞观政要·任贤》）

（二）以古为镜，见成败；以铜为镜，知美丑；以人为镜，知善恶。（唐李冗《独异志》卷下）

（三）以铜为鉴，可正衣冠；以古为鉴，可知兴替；以人为鉴，可明得失。（宋欧阳修等《新唐书·魏徵传》）

从文字上看，孙先生的引文最接近第三种，但个别文字还是有差异。如此引用，是不符合尊重原文的引用原则的。而为这段引文所注的出处，非但没有说明具体的卷、篇，甚至连具体的书名都没有，而只是一个泛称。这样的引注怎么能让人看得明白呢？

（原载《咬文嚼字》2008年第6期，署笔名曾史）

《游山西村》不是五言诗

孙丹林先生在《品读历史人物·位卑未敢忘忧国》第三章“陆游的官宦世家”中写道：

> 但是，尽管如此，陆游还是坚守清贫，尤其可贵的是南宋绍熙二年他在罢归后说：“穷死士所有，权门不可谒。”(《游山西村》)

《游山西村》是首七言律诗，流传很广，可谓耳熟能详：

> 莫笑农家腊酒浑，
> 丰年留客足鸡豚。
> 山重水复疑无路，

柳暗花明又一村。
箫鼓追随春社近，
衣冠简朴古风存。
从今若许闲乘月，
拄杖无时夜叩门。

“穷死士所有，权门不可谒”是五言诗，显然不可能出自《游山西村》。它们的出处其实是《剑南诗稿》卷二十四的《夜行湖上》：

月痕淡欲无，斗柄低半没。
荒陂雁飞鸣，草屋牛卧龁。
我行湖边路，霜冷刮病骨。
断堤沙水湿，屦滑常恐蹶。
残年垂七十，野处犹短褐。
穷死士所有，权门不可谒。

引用古人诗句、交代出处必须准确无误。像这样张冠李戴的差错，是应当尽量避免的。

（原载《咬文嚼字》2008 年第 6 期，署笔名封常曦）

《治家格言》是朱熹写的吗？

吴稼祥先生在《乞丐的贡献》一文中写道：

> 通俗是思想获得成功的关键因素之一。先秦诸子，孔子最通俗；后世学者，朱熹最通俗，他的《治家格言》，差不多就是识字课本。（《杂文选刊》2006 年 8 月上）

说"《治家格言》，差不多就是识字课本"，这话基本正确，但把它定为宋代儒学大师朱熹的作品，那就错了。

古代启蒙读物中有一篇《朱子家训》，全文共 506 字，用联语写成，讲的都是修身治家的道理。其中有些警句，如"一粥一饭，当思来处不易，半丝半缕，恒念物力维艰"，"宜未雨而绸缪，毋临渴而掘井"等，不少人还能背出来。它的作者叫朱用纯（1617—1688，一作

1627—1698),字致一,自号柏庐,江苏昆山人。该文原是为教育自己的家族子弟而作,所以称“家训”。后来流传到社会上,影响越来越大,成了脍炙人口的启蒙教材,篇名也被冠上作者的名号,全称“朱柏庐治家格言”,简称“治家格言”。

朱用纯生于晚明,大半辈子是在清朝度过的,“朱子”是对他的尊称,但是历史上还有一位更有名的“朱子”——朱熹,上文作者未加细辨,将二位“朱子”混为一谈了。

(原载《咬文嚼字》2006年第12期,署笔名曾史)

解缙是怎么死的？

明成祖朱棣与太子朱高炽的关系一度非常紧张，太子身边的一些官员甚至因为一点小过被投入监狱致死。明代才子解缙就是其中的一个。

关于解缙的死，毛佩琦先生在《百家讲坛》节目中只是简单地说："学士解缙被关在监狱里头致死。"在《毛佩琦细解明朝十七帝》（第一部）里，毛先生说得详细一些："至于解缙，有一天他被士卒灌醉，然后扔在雪地里，结果一代才子被活活冻死了。"（188 页）可惜，这个说法并不准确。

《明史·解缙传》载：

> [永乐]十三年（1415 年），锦衣卫帅纪纲上囚籍。帝（明成祖）见缙姓名曰："缙犹在耶？"纲遂醉缙酒，埋积雪

中，立死。

从这段记载中可以看出，揣摩上意，灌醉解缙并将其害死的人叫纪纲，他的官职是“锦衣卫帅”。锦衣卫是明太祖朱元璋开始设置的护卫皇宫、掌管皇帝出入仪仗并兼治刑狱的机构。“锦衣卫帅”即“锦衣卫指挥使”，是主管锦衣卫的头头，官列正三品。这个人物能够将登记囚犯的簿籍直接呈送给皇帝御览，显然并非普通人，毛先生却把他说成是个“士卒”。此外，解缙既不是“被关在监狱里头致死”，也不是被“扔在雪地里”活活冻死，而是被埋在雪中立即丧命的。这虽然只是个别情节上的出入，但考虑到解缙不是个“无名之辈”，他的死既然史有明文，还是说准确点好。

（原载《咬文嚼字》2008 年第 4 期，署笔名曾史）

乾隆皇帝即位不在“乾隆元年”

刘心武先生在《秦可卿被告发之谜》一讲中，谈到曹家的两大靠山之一傅鼐时写道：

> 到了乾隆朝，乾隆元年的时候，傅鼐得到重用，就做到尚书一级了，他当了兵部尚书，还兼刑部尚书，那可是非常大的官啊。(《刘心武揭秘〈红楼梦〉》第一部第215页)

刘先生说“傅鼐得到重用”，当了兵部尚书，还兼刑部尚书，是在“乾隆元年”，这与历史上的记载是不符的。

《清史稿·傅鼐传》说：

高宗(乾隆帝)即位,命[傅鼐]署(代理)兵部尚书,寻授予刑部尚书,仍兼理兵部。

刘先生的讲解,大概根据于此。但是,他忽略了一点:“高宗(乾隆帝)即位”跟“乾隆元年”并不是一码事。

请看章开沅先生主编的《清通鉴》“雍正朝”十三年有关史事的摘录:

雍正十三年(乙卯,1735)

八月己丑(二十三日),子刻,帝(世宗胤禛)逝世,终年五十八岁。

九月丁酉(初一日)……傅鼐署满(傅为满洲镶白旗人)兵部尚书。己亥(初三日),弘历即位于太和殿,颁登极诏书,大赦天下,以明年为乾隆元年。

十二月庚辰(十五日),以傅鼐为刑部尚书,仍监管兵部尚书事务。

显然,傅鼐担任兵、刑两部尚书的时间,都在雍正十三年(1735年)。那时虽然雍正皇帝已经去世,乾隆皇帝(弘历)也已即位,但“乾隆”的年号还没有正式启用。刘先生将乾隆即位那一年当成“乾隆元年”(1736年),那就把时间搞错了。

(原载《咬文嚼字》2008年第5期,署笔名曾史)

哪来的“惠惕周”和“朱尊彝”？

近读《朴学思潮》一书，发现了不少人名差错，这里试举两例：

> （一）在第二个争论的过程中，汉学刻意设置门户壁垒，主张以考据为正统，以三惠（惠惕周、惠士奇、惠栋）为表率……（总序第16页）

所谓“三惠”，是指清朝三位姓惠的著名经学家，他们为祖孙三代，即惠周惕、惠士奇和惠栋。本书不仅两次将“惠周惕”颠倒成“惠惕周”（另一处在正文第4页），而且还有一处误成了“惠周扬”（第11页）。作为一部学术专著，实在是不应该的。

> （二）（康熙）用非常规的手段加紧笼络，一次就招抚

了朱尊彝、汤斌、潘耒、毛奇龄等143人。(第67页)

凡是学过清代学术史的人,恐怕都应当知道康熙年间有位著名的学者叫朱彝尊,著有《经义考》、《日下旧闻》及《曝书亭集》等。他所编选的《词综》也曾广泛流传,深得士林的好评,怎么能把他的名字颠倒成"朱尊彝"呢?

不在“寿阳山”，并非“方孝儒”

魏得胜先生在《古时散文今时语》一文的“天道”章中写到伯夷、叔齐劝阻周武王姬发出兵讨伐殷纣时说：

> 姬发还是灭殷建周，天下归顺，惟伯夷、叔齐兄弟俩“义不食周粟”，跑到寿阳山上饿死了。（《文学自由谈》2008 年第 2 期 103 页）

伯夷、叔齐不食周粟，最后饿死的地点是在“寿阳山”吗？不是。

关于伯夷、叔齐的这个典故，最早的记载见于《论语·季氏》：

> 伯夷、叔齐，饿于首阳之下，民到于今称之。

又《史记·伯夷列传》云：

> 武王已平殷乱，天下宗周，而伯夷、叔齐耻之，义不食周粟，隐于首阳山，采薇而食之。及饿且死，作歌……遂饿死于首阳山。

从上引史料可知，伯夷、叔齐饿死的地点是在首阳山而不是"寿阳山"。

但首阳山的具体位置到底在什么地方，自古以来就有五种不同的说法。魏嵩山先生主编的《中国历史地名大辞典》释文写道：

> ① 一名雷首山、首山，又名历山、蒲山。在今山西永济县西南。相传商伯夷、叔齐隐居于此，上有夷齐庙并墓。
>
> ② 在今河南偃师县西北。一名首山。亦传为殷伯夷、叔齐所隐。
>
> ③ 在今河北卢龙县东南。
>
> ④ 在今山西和顺县东南。即阳区山的俗称。
>
> ⑤ 在今甘肃陇西县西南。

从上述释文可以看出，跟伯夷、叔齐传说有关的首阳山只有两处，其一在今山西永济市（1994年"永济"由县改市）西南，其二在今河南偃师县西北。综观当代学者的考证和研究，在这两说之中，赞同前一说的人占了多数。例如上海辞书出版社2000年版《中国历史大辞典》"首阳山"条仅列两义，而与伯夷、叔齐有关的一处即归于"今山西永济市蒲州(镇)南"。

魏得胜先生所说的"寿阳山"，跟永济市的"首阳山"，虽然都在山西省境内，但分属两个不同的地区：永济市的首阳山位于山西省西南角，临近黄河，而寿阳山则在晋中市的寿阳县，位于山西省中部偏东。两地相距约400多公里。历史上的伯夷、叔齐与寿阳山毫无干系。将"首阳"写成"寿阳"，显然是音近致误。

魏得胜先生在上文的"一叶"章中又写道：

> 朱元璋死，建文帝即位，方孝儒时任翰林学士。燕王朱棣举兵夺权，攻破南京后，命方孝儒起草即位的诏书。方孝儒不从也就算了，还说："虽灭十族，亦不附乱。"这未免太固执了……(《文学自由谈》2008年第2期106—107页)

在以上的引文及其下文中，前后一共七次提到这位被明成祖朱棣灭了十族的翰林学士，他的名字应当作"方孝孺"，却被魏先生全部错成了"方孝儒"！

据《明史》卷一四一记载，"方孝孺，字希直"。吉常宏、吉发涵先生编撰的《古人名字解诂》一书列有"方孝孺"专条，对其名和字在意义上的关联作了考证。《解诂》释文说：汉武帝时有位大臣汲黯，字长孺，以直言敢谏著称。《汉书·汲黯传》云："亦以数直谏，不得久居位。"又云："黯好直谏，守节死义。"方孝孺仰慕汲黯的为人，就以他的字作自己的名，又以他的品质特征作自己的字，并饰以“希”字，所以名孝孺，字希直。

由此看来，“方孝孺”的“孺”不能写作“儒”。因为“儒”字没有“直”义。以“儒”为名，与字“希直”就找不到意义上的联系了。魏先生的文章今后结集成书时，“方孝儒”必须改为“方孝孺”。

（原载《咬文嚼字》2008 年第 5 期，署笔名封常曦）

中国地名不用“颖”

舒諲先生在《朱仙镇关帝庙的寓客》一文中写道：

> 绍兴十年，岳飞连败金兀术于偃城、临颖、颖昌，并收复郑州，进驻中牟，当时有可能前敌已在朱仙镇。（见《扫叶集》第56页，三联书店1998年版）

引文提到的“临颖”和“颖昌”中的两个“颖”字都错了。因为在中国所有的古今地名中是没有“颖”字的。

长江与黄河之间有一条淮河。淮河的支流很多，其中最大的一条支流叫颍河。它发源于河南省登封市西南嵩山的少室、阳乾诸山，东南流至安徽省颍上县的沭河口入淮，全长619公里。《说文·水部》云：“颍，水出颍川阳城乾山，东入淮。从水，顷声。”

"颍"字就是古人专门为颍河创制出来的。颍河流域古代属于中原和邻近中原的地区,人口聚居的密度较大,在颍河两岸形成了不少城邑,有些就以"颍"字命名,如颍川、颍州、颍昌、颍阳、颍阴、临颍、颍上等。

舒諲先生文章中的那个"颖"字,与"颍"读音相同,都念 yǐng,而且字形也十分相近,不留神就会混淆。但其实它们是两个意义和构造都不同的字,"颍"的左下角为"水",所以《说文》归"水部";而"颖"的左下角为"禾",因而《说文》属"禾部",其释义云:"颖,禾末也。从禾,顷声。"可见"颖"的本义是粮食作物禾穗的末梢,后来引申指物体的尖端。只要认清了左下角"水"与"禾"的区别,"颍"与"颖"就绝对不会混淆了。由颍河得名的古今地名为什么只作"颍"而不作"颖",道理就在于此。

"颖"从来不作地名用字。希望所有的作者以及出版社的编校人员再也不要让它混进我国的古今地名之中。

(原载《咬文嚼字》2006 年第 9 期,署笔名曾史)

圆明园是被谁焚毁的?

在今天的北京西郊,有一座“圆明园遗址公园”,是全国重点文物保护单位。

据历史记载,圆明园本是清朝的皇家园林,始建于康熙年间,占地 5 000 余亩,由圆明、长春、绮春(后改万春)三园组成,合称“圆明三园”。园内建有楼台殿阁、亭榭轩馆 140 余处,收藏着极为丰富的图书字画、奇珍异宝等文物精品。可是,这座举世闻名的“万园之园”,后来竟惨遭一炬,仅剩下了长春园西洋楼的部分石雕残迹。那么,圆明园究竟是在什么时候被谁焚毁的呢?

据《清通鉴》《中国历史大辞典》《中国历史大事年表》等史籍和权威工具书的记载,“火烧圆明园”事件发生在第二次鸦片战争期间(1856—1860),罪魁祸首是英法两国联合组成的侵略军。1860 年秋天,英法联军由浙江沿海北上,先后攻占了北塘、大沽、天津，直至北京城下。接着便进入圆明园中大肆抢掠，将园内所有的稀世珍宝劫掠一空，并丧心病狂地纵火焚烧，致使许多殿堂、朝房以及附近海淀民居铺户惨遭焚毁。侵略者写下了罪恶的一页。

也许由于八国联军的知名度更高一点，每当说到“火烧圆明园”这一历史事件时，一些学者的专著或是报刊上的短文，往往会不知不觉地把它和八国联军扯在一起，“八国联军火烧圆明园”几乎已成了一种定论。其实这是不符合历史事实的。

八国联军由英、美、俄、法、德、意、奥、日八个资本主义国家的侵略军队组成。它们对中国人民，同样犯下了不可饶恕的罪行。但八国联军侵占北京，已是1900年的事，其时圆明园已成废园。八国联军在中国烧杀抢掠，也曾再次到圆明园恣意蹂躏，但和英法联军“火烧圆明园”毕竟不是一本账。

（原载《咬文嚼字》2007年第3期，署笔名曾史）

“咸水妹”还是“碱水妹”？

毕飞宇小说《男人还剩下什么》第96页写道：

> 妓女和妓女可不一样，就像官儿和官儿不一样。官有七品，咱妓有九级，由下到上分成私窠、碱水妹、大姐、小娘、官人、二三、么二、长三、书寓九样等级。

这里说到妓女中的“碱水妹”一级，显然写错了，应当作“咸水妹”才对。

“咸水妹”这个称谓，始见于清朝末年的笔记、小说一类作品。那时广东沿海一带，有一种以船为家，散居海上，从事捕鱼、采珠劳动或摆渡为生的民户，被称为蜑户（蜑，音 dàn，亦写作“疍”）。这种蜑户都比较贫困，但与出入广东、香港的外国人接触较多，凡家中有年轻女孩子的，就会做起接客留宿的营生。由于海水是咸的，没出嫁的女子广东俗称“妹”，所以人们就把这种接待外国人的蜑户妓女叫“咸水妹”。请看以下几条书证：

有疍户为海娼者，人呼为咸水妹。（清张心泰《粤游小志》十二）

粤之蜑妇来沪牟利者，粤俗呼之为咸水妹，谓其栖宿海中以船为家也。沪人遂讹称咸酸梅，谓其别有风味，能领略于咸酸之外。（清王韬《瀛壖杂志》五）

粤东疍妓专接泰西冠盖者谓之咸水妹。（黄式权《淞南梦影录》六）

西人呼妓曰咸飞司妹，华人效之，于接应西人之粤妓简称之曰咸水妹。（徐珂《清稗类钞·方言类》）

说得比较详细的有清末吴趼人的《二十年目睹之怪现状》，其五十七回说：

香港海面那些摇舢舨的女子，他们渡外国人上下轮船……外国人和他们兜搭起来，他们自后就以此为生了。香港是一个海岛，海水是咸的，他们都在海面做生意，所以叫他做“咸水妹”，以后便成了接洋人的妓女的通称。这个“妹”字，是广东俗语，女子未曾出嫁之称，又可作“婢女”解。现在有许多人，凡是广东妓女，都叫他“咸水妹”，那就差得远了。

此外，还有"咸水妹"一词来自英语的说法，见《民国世说》《论语选萃·札记卷》中《咸水妹考》引马寅初云：

> 上海之咸水妹，初不知其命名之意义，后闻熟悉上海掌故之某外国人云，当外人初至上海时，目睹此辈妓女，誉之曰 Handsome（按：意谓女子之端庄健美者），积久，遂译音为咸水妹云。

以上诸说，无论其出处异同，用词则均作"咸水妹"，可证"碱水妹"之说必误无疑。

（原载《咬文嚼字》2010 年第 1 期）

《辞海》的书名为什么不写作“词海”?

《咬文嚼字》学生版的叔叔:

我是很喜欢《咬文嚼字》学生版的。每一篇文章我都用笔勾勾画画,着实学到了许多知识。现在向你们提一个问题:为什么中华书局出版的大型汉语词典叫“辞海”,而不叫“词海”?

大连旅顺中学学生　王　妍

古人说:“辞以成文。”也说:“词以成文。”这里的“辞”和“词”都是指写文章所用的语言材料,如字、词、词组、成语、典故等。把这些语言材料收集起来,按一定的顺序排列编成的工具书,既可称为“辞典”,也可叫作“词典”,本来是没有什么本质的区别的。

可是到了19世纪末,有位学者马建忠写了一部语法专著《马氏文通》。他第一次运用西方的语言理论来分析研究汉语的语法结构。“词”被借来表示一个新的语法概念,即“句子成分”,如“起词”“止词”“语词” “转词”等。“词”字这个新产生的意义,是“辞”所没有的。人们可以说“一个词”“五个词”,但不能说“一个辞”“五个辞”。随着“词”在语法研究中的反复使用,它作为一个专门术语的概念也不断得到强化。许多语言学者在写到“词”和“辞”时不再随便混用。

1915 年,中国近现代第一部规模较大的综合性词典由商务印书馆正式出版。此书收录的条目,由字、词、成语、典故和部分百科名词术语组成。这些条目都是写文章所用的语言材料。编纂者们当时可能考虑到了“词”和“辞”的区别,于是便按照传统的习惯,把这部工具书定名为“辞源”。

《辞源》的影响是十分深远的。在以后的几十年里(直到解放初期),绝大部分语文或综合性工具书,几乎都以“辞”作为它们的共名,如《中国大辞典》《辞通》《国语辞典》《新文化辞典》等。1937 年,由中华书局编纂出版的《辞海》(现通称旧《辞海》),其名称之所以用“辞”而不用“词”,也是这种约定俗成的结果。解放以后,词典学界经过认真的讨论和研究,认为以语文为主的工具书还是称“词典”更加科学合理。于是“词”字又成了这类工具书的共名,如《现代汉语词典》《四角号码新词典》《新华词典》《典故大词典》《汉语成语词典》《新语词大词典》等。只有某些专科词典,它们的作者还喜欢使用“辞典”的名称,如《哲学大辞典》《敦煌学大辞典》《民国人物大辞典》《全唐诗大辞典》《书画实用篆刻辞典》等。这种命名的历史演变,是由于时代的不同和语言科学的发展造成的。

最后回到本文的题目上来。从 1979 年开始正式出版的新《辞海》(以后每十年一修订),跟解放以前的旧《辞海》相比,虽然内容有了不少的修改和增补,但毕竟不是白手起家的初创,而是对于旧版的改编和修订,同时,考虑到几十年来《辞海》在社会上的巨大影响,它的名称还是以不改为好。因为改动以后,人家就可能认为是另一部书了。

(原载《咬文嚼字》学生版2002年第7期)

谈谈“乌龙球”

凡是足球运动员和球迷们,可以说没有不知道“乌龙球”的。

《现代汉语规范词典》对“乌龙球”的解释是:“足球比赛中指踢进或顶进自家球门的球(乌龙:英语 own goal 音译)。”

据复旦大学陆谷孙教授告诉我,英语 own goal 是指球员将球打进自家球门的得分。这个词如果纯粹用音译,可以译成“翁果儿”,为什么现在却用“乌龙球”去译它呢?

通过向体育界的朋友了解,原来“乌龙球”一词,是上个世纪六七十年代由香港记者首先翻译使用,后来才传入内地的。香港人日常会话大多用广东方言,而广东方言中有个带贬义的常用词“乌龙”,表示糊涂、荒唐、不负责任、错漏百出等意思。人们在看到某种荒唐的错误行为时,往往会用“乌龙”来表达自己的不满和批评。如果在足球比赛中,有球员在己方禁区内拼抢争夺,一不小心，竟然把球踢进或顶进了自家的球门，导致了形势的恶化和最终的失败，其结果必然会引来一片“乌龙”的指责声。于是，香港的记者便顺理成章地借过这个词来，把英语 own goal 翻成了“乌龙球”。“乌龙球”的广东方言音虽然跟英语 own goal 的读音有些相近，但并不是纯粹的音译。它们的关系主要是意义上十分贴切，准确地反映了人们对球场失误者的贬责的感情。以后，“乌龙球”便逐渐在内地传播开来，成为流行于民间特别是体育爱好者中的一个时尚词语。原来只有香港、广东人懂得的“乌龙”一词所包含的“糊涂”、“荒唐”等意义，现在也开始被内地人理解和使用了。这种现象，可以说是“乌龙球”从香港传入以后出现的。

此外，再介绍一个广东的民间传说：有一年天气久旱，百姓们纷纷祝告神灵，祈求青龙降下甘露，以滋润万物。谁知青龙未见而乌龙现身，反而给人间带来了巨大的灾难。于是，乌龙成了灾星。人们把它引进足球赛场，将队员在拼抢中误踢误撞而打进自家大门的球，称为“乌龙球”。

浅谈“尊号”

张乃仍先生写过一篇《说“谥号”“庙号”“尊号”“年号”》的文章，他在谈到“尊号”的时候说：

从唐代武后中宗起，帝后还有所谓尊号，也叫徽号，国遇庆典或战事胜利可加上，这可是生前奉上的，所以全是好词……（见《载酒问字录》第19页）

在该文最后的“又记”里，他根据这个观点，对我的一篇短文提出了批评：

《咬文嚼字》2002年第10期“百科指谬”载金文明先生《能称司马昭“陛下”吗》，文中有这样的陈述：“因此他

(指司马炎)在即位以后,立即下诏追尊祖父司马懿为宣皇帝,伯父司马师为景皇帝,父亲司马昭为文皇帝。这些尊号一经确定,便在整个晋朝传承了下去。”

这里的“尊号”就用错了。尊号是唐朝(武后、中宗起)才有的,晋朝还不兴,死后上的当然是谥号。一来谥号古而有之;二来宣、景、文都是上文所列举的谥号用字……(同上书第21页)

所谓“尊号是唐朝才有的,晋朝还不兴”这样的规矩,不知道是谁定下来的。把西晋初年追尊的宣皇帝(司马懿)、景皇帝(司马师)和文皇帝(司马昭)都称为“尊号”,是有正史记载为依据的。请看:

《晋书·宣帝纪》:“崩于京师……葬于河阴,谥曰文,后改谥宣文……晋国初建,追尊曰宣王,武帝受禅,上尊号曰宣皇帝。”

又《景帝纪》:“崩于许昌……谥曰忠武。晋国既建,追尊曰景王。武帝受禅,上尊号曰景皇帝。”

又《文帝纪》:“帝崩于露寝……谥曰文王。武帝受禅,追尊号曰文皇帝。”

唐朝初年(早于武后、中宗时)史臣修撰的《晋书》,就已经将宣皇帝、景皇帝、文皇帝一律称之为“尊号”了,那么所谓“尊号是唐朝(从武后、中宗起)才有的,晋朝还不兴”的断语就无法成立了。

其实，上尊号这样的事情，并非始于西晋，还可上溯到秦朝，以后两汉、三国，一直绵延不绝。例如：

《史记·秦始皇本纪》："臣等昧死上尊号，王（嬴政）为泰皇。"

《汉书·高帝纪》："谨择良日二月甲午，上尊号，汉王（刘邦）即皇帝位于氾水之阳……五月丙寅，葬长陵……上尊号曰高皇帝。"

又《高后纪》："夏五月辛未，诏曰：'昭灵夫人，太上皇妃也；武哀侯（刘伯）、宣夫人，高皇帝兄，姊也，号谥不称，其议尊号。丞相臣平等请尊昭灵夫人曰昭灵后，武哀侯曰武哀王，宣夫人曰昭哀后。'"

又《昭帝纪》："孝昭皇帝（刘弗陵），武帝少子也……赞曰：'……尊号曰昭，不亦宜乎！'"师古注引应劭曰："礼谥法：'圣闻周达曰昭。'"

《后汉书·章帝八王传》："清河孝王（刘庆）至德淳懿，载育明圣，承天奉祚，为郊庙主……宜上尊号曰孝德皇，皇妣左氏曰孝德后。"

《三国志·蜀志·二主妃子传》："先主甘皇后……章武二年，追谥皇思夫人，迁葬于蜀……今皇思夫人宜有尊号，以慰寒泉之思，辄与恭等案谥法，宜曰昭烈皇后。"

根据上引史料，可以归纳出以下几点意见：

（一）"尊号"本义为尊贵的称号，始见于秦朝初年，后历代相沿。起先上于王者生前，获尊号后即为皇帝，如秦王嬴政、汉王刘邦被尊为秦始皇、汉皇帝等。

（二）后来尊号也上给死去的皇帝，包括庙号、谥号等。表示位号比原来更尊崇，用的都是好词。如汉帝刘邦被尊为高皇帝，刘弗陵被尊为昭帝等。

（三）生前没有称帝，其子孙称帝后也可给父、祖等上尊号为皇帝，如曹操死后被尊为武皇帝，司马昭死后被尊为文皇帝等。

（四）以后，被上尊号者可扩及死去的后妃及其他皇亲国戚，位号也可以是皇后及王，只要比原来尊贵即可，如刘邦姊宣夫人被追尊为昭哀后，兄武哀侯（刘伯）被追尊为武哀王等。

关于“尊号”的问题，落实到各个朝代各个具体的人身上，恐怕还要复杂得多，衷心希望专家们不吝赐教，帮助我们对此获得正确而全面的认识。

（原载《咬文嚼字》2007 年第 10 期）

胡适原名小考

“五四”新文化运动主将之一的胡适，名适，字适之，这是一般人都耳熟能详的，但他原来的名和字叫什么，恐怕就鲜为人知了。最近我查检了权威的《哲学大辞典》（以下简称《哲学》），其“胡适”条的释文说：

> [胡适]原名洪骍、嗣穈，字希疆，参加留美考试时改名适，字适之。（上海辞书出版社，1992 年版，第 1153 页）

这里的“原名洪骍、嗣穈，字希疆”，也见于《民国人物大辞典》《中华民国史辞典》《中国语言学大辞典》等多部大型的专科工具书。说明以上的注解传承已久，似乎没有什么可怀疑的了。

然而，学术上的问题往往难以预料。陈玉堂先生的《中国近现

代人物名号大辞典》(以下简称《名号》)就对此作出了不同的注解:

> [胡适]原名洪骍,幼名穈儿,小字嗣穈,字希彊。(浙江古籍出版社,1993 年版,第 654 页)

这里,除了原名之一的"洪骍"相同以外,另一个原名(或称小字)和字都不一样:《哲学》作"嗣糜"(mí),《名号》却作"嗣穈"(mén);《哲学》作"希疆"(jiāng),《名号》却作"希彊"(qiáng,"强"的异体字)。"糜"与"穈","疆"与"彊(强)",形、音、义三者都不相同,叫读者以谁为准呢?

由于几部辞典均未引用有关的文献资料,因此这个问题,只能通过我们自己查证来解决。

先看原名"嗣 ×"。可从以下两个方面加以论证:

(1) 胡适在其《四十自述》一书中写道:"[父亲]给我母亲的遗嘱上说穈儿(我的名字叫嗣穈,穈字音门)天资聪明,应该令他读书。"据查,胡适的《四十自述》目前有两种版本,其原名也一作"嗣糜",一作"嗣穈"。由于胡适自己在文中注明"穈字音门",这就可以断定,他的原名只能是"嗣穈"而不可能作"嗣糜",因为"糜"字读 mí 而不读 mén。

(2) 根据多种胡适传记所附《胡氏世系表》的记载,胡适有三个哥哥,都是"嗣"字辈,大哥名嗣稼,二哥名嗣秬(jù),三哥名嗣秠(pī)。稼、秬、秠三字均从禾,胡适是老四,其取名用字,自然也应作从禾的"穈"而不会作从米的"糜"。还有一种说法,胡适的二哥、三哥是双胞胎，其父就是根据《诗经·大雅·生民》诗“诞降嘉种，维秬维秠，维穈维芑”中的第二句给他们取名为“嗣秬”“嗣秠”的。后来胡适出生，便顺序用下句中的“穈”字起名为“嗣穈”。有人甚至推测，如果胡适还有弟弟出生的话，他的小名将会叫“嗣芑”。

再看：“字希×”。胡适原来的字，《哲学》作“希疆”，《名号》作“希彊(强)”。从组词的含义来看，后者显然比前者合理而通顺。“希彊(强)”可以理解为希望国家强盛或个人身体强健，而“希疆”则难以说清是什么意思。此外，据《名号》记载，“希彊”是胡适1906年在《竞业旬报》上发表白话小说《真如岛》时所署的笔名。经查，原文确作“希彊”而不作“希疆”。由于解放后“彊”字早就作为异体字被废除，用简化字排印的书刊上已不再见到，于是辞典在转引时便把它误成了常见的“疆”。白吉庵先生在撰写《胡适传》时，为了避免排校时出现差错，已特地将“希彊”二字改成了“希强”。(人民出版社，1996年版，第10页)

至此，我们可以肯定，胡适的原名之一为“嗣穈”，字“希彊”。

（原载《咬文嚼字》2008年第7期）

《赠胡适》诗指误

2007年11月5日《法制文萃报》刊有《胡适：美国女友为他终生未嫁》一文，开头一段写道：

> 1926年，北医首任校长汤尔和曾赠给胡适一首诗："蔷花绿柳竞欢迎，一例倾心仰大名。若与随园生并世，不知多少女门生。缠头拼掷卖书钱，偶向人间作散仙。不料飞笺成铁证，两廊猪肉定无缘。"说的是当年胡适周旋于红袖之间的情形。

这里所引北京医学专科学校首任校长汤尔和赠胡适的诗，带有调侃戏谑的意味。其诗大意是说：胡适博士当年风度翩翩，名动京师，惹得许多佳人才女爱慕追求。如果他与清朝的随园老人袁枚生活在同一时代，那身边的女门生将不知道有多少了（史载袁枚中年辞官返回江宁，在小仓山下筑随园隐居其间。广收门生，尤以女弟子居多）。这位为人师表的胡博士，曾将供他读书的钱拿去寻花问柳，偶尔过起了自由舒心的神仙般的日子。没想到写给女友的信落到夫人手里成了负心的铁证，从此便与专门腌制给他享用的猪肉断了缘分。

汤尔和的赠诗，我一时没有找到原文，但就根据上面所引的文字，便可判断它有以下几点错误：

（一）“蔷花绿柳竞欢迎”中的“蔷花绿柳”令人费解。

据2001年第6期《文史春秋》所载谭特立的《胡适的情和爱》一文所引此句，“蔷花绿柳”作“墙花路柳”。古时“墙花”多与“路柳”搭配，组成“墙花路柳”或“路柳墙花”，用墙头路边、任人采摘的花柳比喻妓女。我认为汤诗原文应是“墙花路柳”，不过其义不指妓女，而是借指那些春心萌动、渴望获得爱情的年轻女郎。“墙”误成了“蔷”，“路”误成了“绿”，组合成“蔷花绿柳”，就使人感到非常陌生，无法产生“墙花路柳”那样的联想。

（二）是“读书钱”不是“卖书钱”。

赠诗第五句“缠头拼掷卖书钱”，《胡适的情和爱》一文“卖书钱”引作“读书钱”。据《胡适传》记载，胡适20岁以前在上海读书，后因闹学潮离开了学校，心灰意冷，百无聊赖，随着一班浪荡朋友吃花酒，逛窑子，混迹于风月场中，前后有三四个月。他这时是个穷学生，根本无书可卖，只有临时在华童公学教书得到了一点报酬，供他生活和准备继续读书之需。所以“读书钱”比“卖书钱”来得贴切，符合实际。

（三）“两廓猪肉定无缘”的“廓”字无法讲通。

“廓”有物体外缘之义。“两廓猪肉”是什么意思？实在无法理解。据《胡适的情和爱》一文所引此句，“廓”字作“廊”，“两廊猪肉”指的是晾晒在两边廊檐下的猪肉，就讲得通了。还有，按照近体诗的格律，汤诗这最后一句的第二字必须是平声，“廓”是仄声字，不合格律，而“廊”则属平声，所以此处必为“廊”字无疑。

关于“不料飞笺成铁证”两句，需要作一点补充说明：胡适的夫人江冬秀，是一位“主内”的贤妻，对丈夫情爱专一，生活上照顾得无微不至。她还烹调得一手好菜，经常让喜欢美食的胡适称赞不已。当时他们的家在北京钟鼓寺11号，院内的廊檐两边挂着不少江冬秀为胡适腌制的猪肉。作为胡适朋友的汤尔和走访胡宅，肯定亲眼看到过。江冬秀原来长期住在农村，自幼缠过小脚，文化程度不高。胡适虽然迫于母命跟江冬秀结为夫妻，但在思想、学问和生活情趣上不可能成为知音。1923年夏天，胡适去杭州西湖南山栖霞洞养病，意外地与表妹曹珮声相遇。两人朝夕相处，志趣相投，很快便堕入了情网。胡适在一首《多谢》诗里写道：“多谢你能来，慰我心中寂寞，伴我看山看月，过神仙生活。”后来胡适去上海，两人又经常鱼雁传书，互诉衷情。不久，他们的风流韵事慢慢地传开去，传到了江冬秀的耳中。等年底胡适回到北京，夫妻间爆发了激烈的争吵。在一段时间里，胡适便没有好果子吃了，两廊下的猪肉和他断了缘分。后来夫妻虽然重归于好，但这场纠葛却在朋友中传为笑谈。汤尔和的赠诗便是以此为素材，跟胡适博士开了个善意的玩笑，让人忍俊不禁。

（四）赠诗应是同题两首而不是“一首”。

《法制文萃报》的文章说“汤尔和曾赠给胡适一首诗”，这与实际不合。因为汤的赠诗一共八句，如果是一首诗，按其平仄排列，应当是一首七律。但七律必须一韵到底，中间不能换韵。然而此诗前四句押的是庚韵，后四句则改用先韵，庚、先两韵是不能通押的。所以它肯定不是一首七律，而是两首七绝，不过归在同一个诗题下罢了。现在我试为汤诗代拟题目，并改定如下：

《赠胡适》二首

（一）

墙花路柳竞欢迎，一例倾心仰大名。
若与随园生并世，不知多少女门生。

（二）

缠头拼掷读书钱，偶向人间作散仙。
不料飞笺成铁证，两廊猪肉定无缘。

（原载《咬文嚼字》2008年第2期，又载于2008年2月16日《澳门日报》）

【附】

补白一则

——向金文明先生献疑

2月16日本版金文明先生大作《汤尔和〈赠胡适〉诗指误》，考订精审，足为定谳。其文中第三点论及“两廓猪肉定无缘”一句，据近体诗平仄订“廓”为“廊”之误，并认定该八句诗实为两首七绝，都很有道理。我没有怎样读过胡适之先生的书，对诗词亦外行，但因金先生之考订，引出我一点兴趣，乃略陈如下。

《胡适及其友人》图片集中的汤尔和照片

其一：

该组诗非两首，而是四首。商务印书馆1999年曾出版《胡适及其友人》图片集一册，著者耿云志，在1926—1930年项下“胡适的朋友”中即有汤尔和之照（如图），说明谓此照系“1926年1月汤尔和送给胡适的照片”。

照片上原有题诗四首：

1. 大声吓破千年梦，绝代佳人胡适之。
只有两端吾反对，新诗无韵信中医。

2. 裸形文采谁为美，公论千秋待盖棺。
当代腐儒齐攘臂，怕君撕破旧衣冠。

3. 墙花绿柳竞欢迎，一例倾心仰大名。
若与随园生并世，不知多少女门生。

4. 缠头拼掷卖书钱，偶向人间做散仙。
不料飞笺成铁证，两廊猪肉定无缘。

说明复谓“第3、4首对胡适充满调侃意味，故嘱云‘不足为外人道也’”。原图藏中国社会科学院近代史研究所图书馆。由此可确认“廓”为“廊”形似之误无疑。

其二：

“两廊猪肉定无缘”，此句金先生引今典即胡之夫人江冬秀尝为胡腌制猪肉，多挂于院内廊檐两边，谓汤为胡之朋友，“肯定”亲眼看到过。据语意，则“肯定”者为金先生忖测之词，未为实证，且纵能坐实，以谓胡因此而难吃猪肉似不大符江冬秀农村妇女之身份，亦欠笑谑空灵之诗趣也。

以汤尔和之知识人身份，我猜“两廊猪肉定无缘”当系用清初大诗人朱彝尊的故实入诗。稍涉清诗的朋友皆知，朱彝尊的长篇抒情诗《风怀二百韵》传为其妻妹冯寿常所写，朱自称“盖感知己之深，不禁长言之也”。这段有违世俗礼教的清代“无花果”爱情故事冷艳凄凉，令朱终生难忘。据丁绍仪《听秋声馆词话》记载，朱彝尊晚年在编纂《曝书亭集》时，许多人劝他删去《风怀二百韵》，而“太史欲删未忍，至绕几回旋，终夜不寐”，最终宣称：“宁拼两庑冷猪肉，不删《风怀二百韵》。”所谓“两庑冷猪肉”，指古时贤者死后牌位得入文庙，置于两庑之下，可分享供奉孔圣人的猪肉。若以此典释汤诗，则谑中别有真情深意在焉，非徒“恶搞”也。庑，即堂下周围的走廊、廊屋。庑音武，仄声，此处用平声字“廊”代之音义亦当也。

附说，据近人冒广生（冒辟疆后人）称，他曾在某前辈处见过一支镌有“寿常”二字的金簪，几经考验，断定竹垞与其妻妹间存在一种特殊亲密的关系云云，并录供茶余饭后之资云尔。

（原载于2008年2月25日《澳门日报》，作者沈秉和）

【附】

两廊猪肉定无缘

近日，拜读"新园地"金文明《汤尔和〈赠胡适〉诗指误》和沈秉和《补白一则》两位先生的大作，引起兴趣，翻阅了一些书籍。

"两廊猪肉定无缘"诗句，提到"两廊猪肉"。"廊庑"一词，见于典籍中，《史记·魏其武安侯列传》："所赐金，陈之廊庑下。"《汉语大词典》："廊庑，堂前的廊屋。"清吴伟业《赠苍雪》诗："通泉绕阶除，疏岩置廊庑。"近人梁思成《我国伟大的建筑传统与遗产》："厢耳、廊庑、院门、围墙周绕联络而成一院。"

苏东坡《夜过舒尧文戏作》诗："弟子读书喧两庑"。清朱彝尊有"宁拼两庑冷猪肉，不删《风怀二百韵》"之说。而在《宋史·选举志一》："寻又定《亲试进士条制》：凡策士，即殿两庑张帟，列几席，标姓名其上。"《明史·礼志四》："两庑从祀……凡九十一人。"明沈德符《野获编·礼部·祀典》："又进欧阳修于两庑，则以濮议与永嘉暗合，故特崇之。"

至于"两庑豚"，指祭祀先贤所用的猪。清杨岘《〈燕下乡脞录〉序》："今之学者操不律效程朱语录，空言满纸，顷刻尺许厚，猎盛名，攀高位，或妄希两庑豚，岂不甚便。"

前人作诗,时有用典;后人诠释,或有惘然。刘勰《文心雕龙》云:“虽复轻采毛发,深极骨髓,或有曲意密源,似近而远。”

(原载于2008年3月3日《澳门日报》,作者谭任杰)

毛泽东？西乡隆盛？月性和尚？
——“孩儿立志出乡关”一诗作者考

长期以来，中国民间流传着一首毛泽东青年时代所写的自述志向的七言绝句。其较为常见的一种文本是：

孩儿立志出乡关，
学不成名誓不还。
埋骨何须桑梓地，
人生无处不青山。
（转引自陈国民《毛泽东诗词百首译注》第333页）

根据谢柳青先生所编《毛泽东家书》“致文运昌”一章的介绍，文运昌是毛泽东的表兄，比毛年长9岁，两人年青时关系亲密。

1910年,在文运昌的支持和帮助下,17岁的毛泽东经父亲毛顺生同意,离家前往湘乡县东山高小读书。行前专门写了这首七绝留给父亲。毛顺生去世以后,此诗一直由文运昌保存着。建国初期,文运昌参加了湖南省文物保管委员会的工作。1951年,他“向人民政府交出了不少珍藏几十年的毛泽东的一些文物,其中有……毛泽东去东山高小前写的那首‘孩儿立志出乡关,学不成名誓不还,埋骨何须桑梓地,人生无处不青山’的诗”。据此,很多人便把这首“留呈父亲”的述志诗当成了毛泽东自己的作品。

其实,毛泽东手抄的这首诗并非他的原创。南怀瑾先生在其“演讲录”中说:“日本人有很多中国诗作得很好。”并随即举出了一首:

男儿立志出乡关,
学不成名死不还。
埋骨何须桑梓地,
人生无处不青山。

拿这一首诗跟毛泽东的那一首对比,其中只有两个字不同:这里首句的“男”字,毛作“孩”;这里第二句的“死”字,毛作“誓”。据陈国民先生注解,此诗的原作者是日本明治时期的政治活动家、人称“维新三杰”之一的西乡隆盛(1828—1877)。毛泽东只是在去东山高小读书前把它稍稍改动一下抄呈给了父亲。所以另有一本《毛泽东诗词阅读·鉴赏》在收录这首诗时,干脆加上了一个更加显豁的题目:“七绝·改西乡隆盛诗赠父亲”。

这首诗的原创者属于西乡隆盛的说法，早在清朝末年戊戌变法前后就已盛传于世，我在50年前的中学时代也曾经读到过，似乎可以作为定论了。然而近年来经过专家、学者的考证，原先的成说又遭到了否定。如郑松生先生在他的《毛泽东与美学》一书中写道："这首诗是与西乡隆盛同时代的日本和尚释月性（1817—1856）27岁离开家乡时写的，诗名'题壁'。释月性因忧国而四方云游，通过这首诗表达了他报效国家的志向，在日本很有名。"据查，日本月性和尚的诗原题为"将东游题壁二首"，转录如下：

二十七年云水身，
又寻师友向三津。
儿乌反哺应无日，
忍别北堂垂白亲。

男儿立志出乡关，
学若无成不复还。
埋骨何须坟墓地，
人间到处有青山。

月性和尚比西乡隆盛大11岁。拿他的第二首诗跟西乡隆盛的那首作一比较就可看出，后者显然是从前者脱胎而来。其原创者只能是年长而早有诗名的月性和尚。因此，胡为雄先生在《党的文献》1996年第3期上撰文引录了上面的第二首诗后指出："作者是长州（藩）的勤王僧月性，不是西乡隆盛。"

至此,我们可以对毛泽东年青时代所写的“留呈父亲”一诗的原创和嬗变的脉络作出如下推断:

1844年,诗僧月性在离乡东游前写了两首自述志向的题壁诗。后来被西乡隆盛读到了,认为其中第二首内容切合自己的抱负和志趣,便稍作修改后录存以自勉。人们在他那里看到这首诗时,由于不了解底细,都把它当成了西乡隆盛自己的作品。清朝末年,中国在西方列强的侵略下,灾难日益深重,引发了救亡图存的“戊戌变法”运动。日本的“明治维新”成了中国效法的榜样。这时,著名政治活动家西乡隆盛的传奇经历也在中国盛传一时。毛泽东可能就是从报刊上读到了西乡隆盛借自月性和尚的这首述志诗,便改动两个字,留呈给了自己即将离别的父亲。

(原载《咬文嚼字》2009年第1期)

此处“辛未”是何年？

最近应邀审读了上海古籍出版社蒋维崧先生整理的俄藏黑水城文献汉文部分叙录的清样，其中“TK185 大方广佛花严经梵行品”目下，引录了一段“印施题记”（原排繁体，这里改作简体）：

> 粤以灵灵不昧，是万行之本源；了了常知，乃一真之心境。夫《梵行品》者，意不外此，所以为三天之奥义，九会之雄文也。故特仗鸿勋，虔资妙幾，伏愿慈航电激，作沉迷旷劫之津梁；宝蒃芃绵，印社稷万年之席福。辛未太原王简施。

关于这部《大方广佛花严经梵行品》（以下简称《梵行品》）刻印布施的时间，除了最后一句“辛未太原王简施”以外，“题记”没有作任何具体的交代。因此,表示干支的“辛未”二字,便成了推断此经刊印年份的关键。

用干支纪年有一个问题,就是每过60年就要重复一次,如公元844年是甲子年,到904年又是甲子年,再到964年还是甲子年。在这三个公元年份中,如果仅署“甲子”二字,别人就无法确定你指的究竟是哪一年。所以古人用“甲子”表示年份,一定还要说清楚是哪个帝王年号的“甲子”。例如唐武宗会昌甲子岁,别人看了就知道这是公元844年,不会误成904年或964年。现在《梵行品》题记的末句,只署了一个孤零零的“辛未”,可就让人煞费斟酌了。

《梵行品》是用雕版印刷的。根据出版史专家的意见,雕版印刷大约始于唐玄宗时代,晚唐五代已有一定规模的发展,到南宋中叶达于鼎盛。研究黑水城文献的中外学者,首先从《梵行品》刊刻的字体上,判定其为时代较早的印刷品。因为从北宋后期到南宋留存下来的书影,其版式和字体大多规整精美,刻工技巧相当成熟,而《梵行品》的版式则显得不够规整,字距时或参差,字体也间有大小,其刻工水平与晚唐、五代留存的书影比较接近。因此推断它刊印的年代当在五代末或北宋前期。我认为这种推断,大体上是可信的。

但是,北宋王朝从建立到灭亡凡166年(960—1126),其中属于“辛未”的年份共有三个,即太祖开宝四年(971)、仁宗天圣九年(1031)和哲宗元祐六年(1091)。题记末尾所署的“辛未”,究竟应当定在哪一年呢?

从目前已知的材料来看,大体有两种说法:一是俄罗斯汉学家孟列夫,他在《黑城出土汉文遗书叙录》(宁夏人民出版社1994年

11 月版）一书中写道："按辛未年应为 1091 年（哲宗元祐六年）。"但除了这句断语，没有作具体的论证。另一是蒋维崧先生，他在即将出版的这部新著《梵行品》叙录末尾加了一段说明："辛未年当仁宗天圣九年（1031）或哲宗元祐六年（1091）。"两种说法虽然有所不同，但将北宋之初的"太祖开宝四年（971）"排除在外，则是一致的。

通过对有关史料的反复比勘、分析，斟酌再三，我认为这里的"辛未"应当是五代十国中的北汉天会十五年（相当于北宋开宝四年，即 971 年）。下面就对这一观点进行具体的论证，以就教于方家。

（一）"题记"所署的"辛未"不可能是宋仁宗天圣九年（1031）。

据《元一统志》卷一"太原路"记载：

> 太原路，宋太平兴国四年（979）五月，平北汉。戊子，毁太原旧城，改为平晋县，以榆次县为并州，徙居民于新理……五年（980）四月，壅汾河晋祠水灌太原故城。七年（982），又促［并州］治于阳曲县唐明村……嘉祐四年（1059），复太原府、河东节度。

由此可知，自太宗太平兴国四年（979）以后，在北宋的版图上，"太原"已不复存在，只有"并州"这一行政区划的名称。直到仁宗嘉祐四年（1059），才恢复了"太原府"的建制。因此，仁宗天圣九年（1031）时，北宋尚无"太原"其地，王简如要自署籍贯，只能写上"并州"或祖居所属的其他县名，而不应称"太原王简"。就像我们今天的北京市，在新中国建国以前曾称“北平”，但到1949年10月1日改名“北京”后，就不能再称“北平”了。王简于“印施题记”中自署籍贯“太原”，时间上只有两种可能：一是在嘉祐四年（1059）恢复太原府建制以后，一是在太平兴国四年（979）五月戊子“毁太原旧城”改设并州以前。所以，属于仁宗天圣九年（1031）的“辛未”应予排除。

（二）“题记”所署的“辛未”也不太可能是哲宗元祐六年（1091）。理由有二：

一是前面已经谈到，《梵行品》的版式不够规整，字体板滞，或间有大小，其刻工水平接近于晚唐、五代，时代较早。而哲宗元祐六年（1091）已属北宋晚期，从略早于它的神宗熙宁元年（1068）所刻《妙法莲花经》和略晚于它的徽宗大观二年（1108）所刻《御制秘藏诠》来看，无论版式或字体，都要比它规整精美得多。《梵行品》及其题记，不大可能为哲宗元祐六年所刻印。

二是北宋王朝建国以后，为了加强中央集权，安定社会秩序，在其开国之初，就对印刷出版业进行了严格的控制。当时主要刊印的是一些法律文书和《本草》之类的医药书籍，而且都由政府主管部门国子监负责命工摹刻和颁行。后来书籍的门类逐渐扩大到儒家经典和佛道经藏，但仍然严禁私家刻印，甚至已经印刷过的雕版，也要设置专门的机构管理和收藏。如《宋会要辑稿·职官·国子监》记载：

> [太宗至道]三年（997）十二月，诏国子监：“经书，外州不得私造印板。”

又如《佛祖统纪》卷四云：

> [太祖开宝]四年(971)……敕高品、张从信往益州雕《大藏经》板……[太宗太平兴国]八年(983)六月……诏译经院赐名“传法”，于西偏建印经院。成都先奉太祖敕造《大藏经》板成，进上。

在这样严格的控制下，有关主管部门必然会对印刷的版式作出一些明确的规定，文本署明刊印年号、年月就属其中之一。下面举一些现存书影的例子：

> 《佛说阿惟越致遮经》，末署“大宋开宝六年癸酉岁(973)奉敕雕造”；
>
> 梵文《大随求陀罗尼经咒》，末署“太平兴国五年(980)六月二十五日雕板”；
>
> 《金刚般若波罗蜜经》，末署“雍熙二年(985)六月日纪”；
>
> 《大随求陀罗尼经咒》，末署“咸平四年(1001)十一月日”；
>
> 梵文《佛说普遍光明……大陀罗尼经咒》，末署“景德二年八月日记”；
>
> 《佛顶心观世音菩萨大陀罗尼经》，末署“大宋嘉祐八年岁次癸卯(1063)正月一日”；
>
> 《妙法莲花经》，末署“大宋熙宁元年戊申岁

(1068)”；

《大方广佛华严经修慈分》，末署“元丰八年乙丑岁(1085)五月日谨题”；

《御制秘藏诠》，末署“皇宋大观二年岁次戊子(1108)十月日岁”；

《佛说优填王经》，末署“宣和六年(1124)八月日谨题”。

以上十例，从北宋初年到末年，没有一部雕版印刷的成品是不署年号和年月的。此外，我还发现特殊的一例：

《弥勒菩萨像》，末署“甲申岁十月丁丑朔十五日辛卯雕印普施”。

此例虽未署年号，但却详细署明了月份和朔日，人们仍然能够推算出这里的“甲申”是太宗雍熙元年(984)。像《梵行品》题记这样莫名其妙地只署“辛未”二字，在北宋晚期的哲宗元祐六年(1091)是不太可能的。

(三) 排除了以上两种可能后，《梵行品》题记末尾所署的“辛未”，只剩下了一个“公元971年”。但这一年，我不说它是“宋开宝四年”。因为此时的太原还不在北宋政府的统治之下。查一下《新五代史·东汉世家》就可知道，五代后汉末年，河东节度使郭威灭掉后汉建立后周，后汉高祖刘知远的堂弟刘旻便于公元951年在太原自立为帝，仍然沿用后汉乾祐年号，史称北汉。这个政权只据有太原及其周围不大的一块地区，却一直延续到宋太宗太平兴国四年(979)才被消灭。在宋太祖开宝四年(971)时，北汉的末代君主刘继元还在太原闭城拒守，抗击着北宋大军的围攻。太原在十多年里一直处于风雨飘摇、朝不虑夕的困境之中。我认为，王简当时就住在太原。正是由于身居危城，他才想到要刊印佛经，布施信众，以求菩萨赐福保佑。这时北汉的年号称“天会”，王简不敢再用，也许是出于“一旦城破，怕被连累”的考虑，但他又不便在旧国未亡的情况下去使用北宋的“开宝”年号，所以才刻上了没头没脑、无所归属的“辛未”年份。我想这样的推断，应当是站得住脚的。否则，“辛未”的三个年份全部被排除，只能看作是王简的随便乱写。那样的无稽之谈，有谁会接受呢？

2001 年 2 月

“歷”、“曆”二字分合源流考

在港、澳、台及其他海外华人聚居而长期使用传统汉字的地区，“歷”和“曆”是两个音同义别而不能随意混用的字：“歷”义为经过、经歷等；“曆”则表示曆法、日曆等意义，古代帝王年号也一律用“曆”。但是，在先秦时代的典籍中却只有“歷”而没有“曆”。“歷”字起着一身两任的作用，既可以表示“经歷”，也可以表示“曆法”和“曆日”，例如：

《尚书·君奭》：“多歷年所。”①（歷，经过。）

《左传·昭公十七年》：“凤鸟氏，歷正也。”②（歷正，主管曆法、曆日的长官）

再举一个类似的例子：先秦典籍中有“说”而无“悦”。“说”

既可表示“说话”，又可表示“喜悦”，也是一身而两任。后来，人们认为“喜悦”是一种心理活动，应当从“心”，于是便造出一个“悦”字来分担“说”字的“喜悦”义，使两者明确分工。此后，除经典中原有的“说（悦）”字沿用不改外，在一般情况下，“说”（shuō）、“悦”（yuè）就完全分开而不再混用了。刻于东汉桓帝延熹六年（163）的《桐柏淮源庙碑》有“民用悦服”之句[3]，说明当时“悦”字已经出现。但时代稍前的文字学家许慎（约58—约147）所著的《说文》中却只收“说”而未收“悦”，其“说”字下注：“说（悦）释也，从言、兑。一曰谈说。”[4]这说明许慎只知道“说”兼有“喜悦”、“谈说”二义，还没有看到过“悦”字，否则他不可能不把“悦”字收进《说文》中去。《广韵》入声薛韵“悦”字下注：“经典通用‘说’。”[5]这是符合先秦典籍用字的实际情况的。现代语言学家把“说”、“悦”称作古今字，以“说”为“悦”的本字，“悦”为“说”的后起区别字。

“歷”和“曆”的情况大体也是如此。大概人们认为推算“曆日”的字应当从“日”，于是便造出了“曆”字来分担“歷”字原有的“曆日”、“曆法”等意义。“曆”的出现肯定在“歷”字之后，因为《说文》只收“歷”而不收“曆”，说明东汉中叶以前“曆”字还没有产生，否则许慎也不可能不把它收进《说文》中去。清代经学家郑珍《说文新附考》说：“歷，乃曆象本字。”[6]因此，“歷”和“曆”也是古今字关系，“曆”是“歷”的后起区别字。

那么，“曆”究竟产生于何时呢？我认为，现代经过整理后用铅字排印的一些古籍是不足为据的。例如：中华书局标点本《史记》、《汉书》中表示“曆日”、“曆象”、“曆数”等意义的字都排成了

"曆",能否证明西汉及东汉前期已经有了"曆"字呢?不能。理由如下:

北宋徐铉《说文新附》"曆"字下注:"《史记》通用'歷'。"[7]

《康熙字典》"曆"字下注:"《史记》、《汉书》通用'歷'。"[8]

这说明,北宋以至清朝初年的学者所看到的《史记》、《汉书》的古本中还没有"曆"字,凡表示"曆日"等意义的字都刻印作"歷"。因此,作为"曆"字早期使用的证据,必须从当时的实物或拓本中去寻找。

现在发现的最早实物是"光和斛"。"光和"(178—183)是汉灵帝的年号,"斛"是一种量器,上面刻有"曆"字[9],时在许慎死后约30年的东汉末年。此后,在三国两晋的遗存中没有再见到,说明当时"曆"字还较少使用。到了南北朝时期,碑刻中的"曆"字便多了起来,这里举两个例子:

北魏乐安王墓志铭:"开基轩符,造业魏曆。"[10]

北魏李使君墓志:"属晋曆失御,戎狄乱华。"[11]

南朝的碑志虽然还没有发现"曆"字,但梁顾野王所撰的字典《玉篇》中却收了"曆",其注说:"象星辰分节序四时之逆从也。本作'歷'。"[12]这说明南朝民间已经在用"曆"字来代替"歷"了,否则顾野王不会把它收进字典，并且作出这样的解释。

一般说来，后起区别字只要创制合理，便于分辨记忆，使用的人就会逐渐增多，与本字分道扬镳，最终确立自己合法的地位。这种情况，到唐代已十分明显。如敦煌钞本中“暦日”的“暦”已经基本上不用“歷”字。又如唐欧阳通的《道因法师碑》、怀素的《自叙帖》⑬、崔元阳的《大唐故李公墓志铭》、杞谨的《唐太原府录先府君墓志铭》⑭等也都用了“暦”字。到北宋初年，又由于政府的提倡和规范，“暦”作为“暦象”、“暦日”专用字的地位进一步被规定了下来。

徐铉在奉诏修订的《说文》中，正式将“暦”作为新附字收录，注释说：“厤象也。从日，厤声。”⑮

官修韵书《广韵》和《集韵》将“暦”和“歷”作为独立的字目分别收录，特别是后出的《集韵》的注释，明确地体现出官方编撰者的倾向性：

> 《集韵·入锡》：“歷，《说文》：‘过也。’”
>
> 又：“暦，《说文》：‘暦象也。’（此为新附字）通作‘歷’。”⑯

这里，“歷”、“暦”的分工已十分明确：“歷”只用来表示“过”（经过、经歷）；而“暦”则作为“暦象”的专用字，只是为了照顾到先秦两汉典籍中“歷”字一身两任的情况，才在“暦”字后加上了“通作‘歷’”的说明。

官方的规范和提倡，对于“暦”字的推广和普及起了很大的促进作用。这突出地表现在政府统一铸造的钱币中。根据《历代古钱图说》的著录，从北宋到明末的铸币拓片，有“庆曆通宝”（宋仁宗）、“天曆元宝”（元文宗）、“万曆通宝”（明神宗）、“永曆通宝”（南明桂王朱由榔）[17]等。这些帝王年号中的“曆”字都表示“天数”、“天命”的意思，全部统一用“曆”而不作“歷”。此外还有“大曆元宝”[18]。“大曆”是唐代宗的年号。这表明，年号用“曆”从唐朝就开始了。这对后世“曆”字的专用化，自然也产生了积极的影响。

不过，官方的规范和提倡虽然影响巨大（铸币中统一用“曆”），但要让“歷”字不再表示“曆日”、“曆象”等意义，毕竟不是一蹴而就的事情。儒家经典的传承性和传统习惯的保守性，使得不少文人学士不愿意一下子将“歷”字舍弃不用。他们往往采取任其自然的态度，有的人趋时从俗，就用“曆”；有的人因循守旧，就用“歷”；有的人无可无不可，就时而用“曆”时而用“歷”。这样就使同一时代以至同一部著作的钞本或刻本中，出现了“曆”、“歷”这两个同义异形字长期并存的局面。下面举三组例子：

（一）唐文宗开成石经《尚书》

《尧典》：“曆象日月星辰。”

《大禹谟》：“天之歷数在汝躬。”

《洪范》：“五曰歷数。”[19]

这里，三个后世都应作“曆”的字，在唐代中叶的刻石中，有两个仍然沿用传统的“歷”字。

（二）宋刊本《六臣注文选》

司马子长《报任少卿书》："文史星曆。"

刘越石《劝进表》："歷数有归。"

孙子荆《为石仲容与孙皓书》："曆数将终。"

杜元凯《春秋左氏传序》："因其歷数。"[20]

这里，同一部书中四个应当作"曆"的字，在宋刊本中，有两个被刻成了"歷"。

（三）清圣祖康熙御定《历代赋汇》

唐李光朝《新浑仪赋》："以言宝曆。"

又《新浑仪赋二》："俾汉歷之黍累不失。"[21]

这里，同一部书、同一个人的文章中，两个应当作"曆"的字，在清朝初年的刊本中，有一个被刻成了"歷"。

从以上三书的例子来看，"歷"、"曆"二字同义混用的现象，自唐代至清初，始终没有完全断绝。不过，按照语言文字发展的规律，"歷"和"曆"的明确分工毕竟是大势所趋。如以上第（一）例《尚书》三条书证的后两个"歷"字，到了宋刊本《太平御览》卷十六"曆"篇中，已经都被改成了"曆"[22]；在明刊本的唐开成石经中，这两个"歷"字也被涂改成了"曆"[23]。这表明，"曆"字的优势正在得到加强。如果不发生意外的情况，它终将与"歷"字彻底分开，成为表示"曆日"、"曆象"意义的专用字。

然而，意外的情况终于发生了。公元1736年，清世宗胤禛的儿子弘曆当上了皇帝，史称清高宗，年号乾隆。从此，天下的臣民为了避讳，不能再书写“曆”字，否则将会大祸临头。具体的做法，梁章钜在《南省公余录》卷四“文字敬避”中说：

《会典》中载，恭遇……高宗纯皇帝圣讳，……下一字中写作“林”字，下写作“心”字。[24]

《历代避讳字汇典》引《讳字谱》也说：

讳“曆”曰“歷”，缺笔作“厤”，……书明万曆年号为“万歷”，永曆为“永歷”。[25]

通过电脑光盘查一下乾隆后期编成的《四库全书》这部清朝最大的丛书，共收典籍3 503种，79 337卷，其中有“歷”字274 402个，却看不到一个“曆”字。其实“曆”字少说也该有一两千个，均因避圣讳而全部被改成了“歷”。这表明《南省公余录》和《讳字谱》的说法是有根据的。

在极其严格的封建避讳制度下，“曆”字就这样被彻底赶出了历史舞台达170多年。“歷”、“曆”二字明确分工的自然发展进程，也完全中止了。

辛亥革命以后，随着清朝的覆灭，避讳制度被废弃。“歷”和“曆”分用的问题，又重新引起人们的重视。经过了一段时间的随意混用，许多人又将“曆”作为表示“曆日”意义的专用字，其影响日益扩大，逐渐占了上风。值得一提的是，民国初年的经学家刘师培，在他的《古历管窥》中一共用了209个“曆”字，除注文小字里有两个被误刻成“歷”字外，其余都一律用“曆”。[26]以后，官方和民间编纂出版的一些权威工具书，都先后对“歷”、“曆”的分用作了明确的说明。到新中国成立以前，除了影印古籍和少数人还在随意书写外，两字的分工基本上已成定局。1954年，大陆商务印书馆出版的《新华字典》正式规定，“歷”和“曆”彻底分开。1955年12月，《第一次异体字整理表》作为政府的法定文件正式颁布，终于结束了“歷”、“曆”二字通用的历史。[27]上世纪50年代后期陆续整理出版的标点本“二十五史”和正、续《资治通鉴》，就是根据政府的这一文件和民间的实际使用情况，将原本中表示“曆日”、“曆象”、“曆数”等意义的“歷”全部统一改排成“曆”。这对海内外的影响是广泛而深远的。

1964年《简化字总表》公布以后，“歷”、“曆”二字都被简化成“历”。从此，在大陆的日常交际使用中，区分“歷”和“曆”已经失去了意义，但对阅读和整理古籍的人来说，仍然是必须掌握的知识。至于港、澳、台以及其他仍在使用繁体字的华人地区，则尤其不应忽略。有人认为，帝王年号或表示“曆日”意义的“曆”，既然古代可以写作“歷”，现在写写也无所谓。我还看到大陆地区一些用繁体字排印的曆书封面上，也赫然出现了那个惹眼的“歷”字。我认为，这样做实际上是一种倒退。古已有之，并不能成为我们今天随意恢复本字的理由。就像我在本文开头时提到的那个“说”字，它的本义是“喜悦”，在先秦典籍中用得相当普遍。但自从其后起区别字“悦”产生以后，“悦”就取代“说”成了表示“喜悦”的专用字。今天还有谁根据“古已有之”这条理由，把“悦目”、“喜悦”、“心悦诚服”写成“说目”、“喜说”、“心说诚服”的呢？所以，在使用现代汉语需要保留繁体字的时候，“歴”、“曆”混用的现象，还是以避免为好。

本篇注释

①《尚书正义》卷十六，十三经注疏本，北京，中华书局影印，1980 年，页 224 上。

②《春秋左传正义》卷四十八，十三经注疏本，北京，中华书局影印，1980 年，页 2083 中。

③《桐柏淮源庙碑》，载《隶释》卷二，北京，中华书局影印，1985 年，页 31 下。

④《说文·言部》，北京，中华书局影印，1963 年，页 53 上。

⑤《广韵·入薛》，上海辞书出版社影印，2000 年，页 498。

⑥郑珍《说文新附考》，丛书集成本，商务印书馆影印，页 108。

⑦《说文·日部》附，北京，中华书局影印，1963 年，页 140 上。

⑧《康熙字典》，上海古籍出版社影印，1996 年，页 473 下。

⑨光和斛，转引自《甲金篆隶大字典》，四川辞书出版社，1991 年，页 443。

⑩铭文原题为“大魏征东大将军大宗正卿洛州刺史乐安王墓志铭”，转引自赵超《汉魏南北朝墓志汇编》，天津古籍出版社，1992 年，页 53。

⑪铭文原题为“魏故驪驤将军洛州刺史泾阳县开国子李使君墓志”，转引自赵超《汉魏南北朝墓志汇编》，天津古籍出版社，1992 年，页 164。

⑫《玉篇·日部》，北京，中华书局影印，1987 年，页 95 下。

⑬欧阳通、怀素两文中“曆”字，拓印于《中国书法大字典》，香港中外出版社，1976 年修订版，页 727。

⑭崔元阳、杞谨两文，载于《唐代墓志汇编》，上海古籍出版社，1992 年，页 1771、1792。

⑮《说文·日部》附，北京，中华书局影印，1963 年，页 140 上。

⑯《集韵·入锡》,上海古籍出版社影印,1985年,页752。

⑰《历代古钱图说》,上海书店影印,1986年,页88、143、162、169。

⑱同上,页70。

⑲以上《尧典》、《大禹谟》、《洪范》三文,均载于《尚书文字合编》,上海古籍出版社影印,1996年,页57、233、1565。

⑳以上四文,均载于宋刊本《六臣注文选》,北京,中华书局影印,1987年,页768上、701上、805上、857下。

㉑以上两文,均载于清圣祖康熙御定《历代赋汇》,康熙四十五年内府刻本,卷一,页29、30。

㉒《太平御览》,北京,中华书局影印,1985年,页82上。

㉓唐开成石经《尚书·大禹谟》、《洪范》,均载于《尚书文字合编》,上海古籍出版社影印,1996年,页233、1565。

㉔梁章钜《南省公余录》,转引自《笔记小说大观》,扬州,江苏广陵古籍刻印社,1983年,第十九册,页73下。

㉕《历代避讳字汇典》,郑州,中州古籍出版社,1997年,页276。

㉖《古历管窥》,载《刘申叔遗书》,南京,江苏古籍出版社影印,1997年,页687至699。

㉗《语言文字规范手册》(修订本),语文出版社,1991年,页180。

(原载《中华文史论丛》2009年第1期)

争鸣求是

“历史文化大散文”怎能背离基本的史实

——读余秋雨《苦旅余稿》札记十篇

从今年1月开始，余秋雨先生又再次收回自己的“封笔”宣言，在上海《收获》杂志上连载他的“历史文化大散文”了。这回的总题目叫“苦旅余稿”，据说是为《文化苦旅》的续编而作。到11月为止，已经发了六篇。这些文章给人的印象还是过去的套路：定主题，凑材料，编故事，发感慨。有不少学者反映，就“余稿”已经发表的几篇来看，无论文思和才情，比起当年的《文化苦旅》来可以说是戴着草帽亲嘴——差远了。只有那些文史知识差错，却仍然像外甥点灯笼——照旧（舅），经常会时不时地从字里行间冒出来。这不，六篇文章中又被我发现了二三十处。

众所周知，所谓的“历史文化大散文”，它所记述的内容，应当是历史上已经发生过的真实的事情，而不是凭空虚构的小说。凡是文献资料中有确凿记载的，就不能想当然地胡编乱改。背离了基本史实的文章，怎么还能称为“历史文化大散文”呢？当然，余先生的这几篇新作，在撰写以前还是花了一些工夫作准备的。例如：他阅读了不少近人的学术研究论著，查检了相当一部分历史文献，甚至还对几篇有关的古文古赋作了认真的今译。然而，由于他的那点传统文化（特别是先秦文史）功底实在让人不敢恭维，遇到比较冷僻或众说纷纭的疑难问题时，就难免处处捉襟见肘、无法把握了。加上他又喜欢随心所欲地临文发挥，只要遇上自己的知识盲点，几乎开口就错。而且这些谬误，如果没有人及时给他指出来，恐怕会一直保持下去而难以自拔。我想余先生的这些散文新作，今后肯定是要结集成书的（我最近买到一本中国盲文出版社 2007 年 11 月版的余秋雨散文选集《千年文化》，其卷一中就收入了《问卜中华》《古道西风》《黑色光亮》三篇）。为了帮助他纠正错误，不致贻误广大的读者，我先写下十篇纠错的读书札记，连载在这里，供余先生参考。如有不当之处，敬请方家批评指正。

（一）谈“孔子周游列国”，怎么能如此戏说？

也许是受了时尚的影响吧，余秋雨先生的“历史文化大散文”新作《苦旅余稿》中戏说的成分似乎越来越多，也越来越离谱了。比如“周游列国”的事情，《孔子年谱》里都写得清清楚楚，哪年在哪个国家，什么时候干了些什么，一查就可以知道，怎么能信口开河、胡吹瞎扯呢？为了给余先生的戏说泼点冷水降降温，以免贻误更多的读者，有必要专门就这个问题来谈一谈。

余先生在《古道西风》第四章中写道：

> (孔子)五十五岁那年，他终于离开故乡鲁国，带着学生开始周游列国。
>
> ……早在两千五百年前，有一位人类精神巨匠直到六旬高龄还在进行自我放逐，还在一年年流浪，居然整整十四年没有下路，没有回过故乡！……
>
> 年年月月在路上……

这段文字，就是写孔子带着学生周游列国。我们且从下面两个问题，看看余先生说的是否符合历史事实：

(一) 孔子“周游列国”，是天天都在不停地赶路吗？

立论偏颇，极度夸张，把话说绝，不留余地，这是余氏“历史文化大散文”的一个显著特点。他把孔子“周游列国”说成“年年月月在路上”，“整整十四年没有下路”，就是让人完全无法置信的过头话。一个人这样跑下来，还不早就给累死了，哪里还等得到“整整十四年”！

为了避免考证的繁琐，我们不妨来查一下张岱年教授主编的《孔子大辞典》，其中所附的《孔子年谱》，对于孔子十四年周游列国的经历都记得清清楚楚，说他从行的弟子有颜回、子路、子贡、冉有四人，到过和居住过的国家有卫、曹、宋、郑、陈、蔡、楚等国。其中在陈待过二年(《史记》作“三年”)，又多次入卫，第一次住了十个月，最后一次从鲁哀公六年(前489)起，到十一年(前484)返回鲁国，共住了五年之久，根本没有在路上流浪过一天。余先生竟然说他“年年月月在路上”,“整整十四年没有下路”,这不是睁着眼睛说瞎话吗?

(二) 孔子在十四年里“没有回过故乡”吗?

余先生说,孔子在离开曲阜外出周游列国后,整整十四年里“没有回过故乡”。这又是背离史实的无稽之谈。

据《孔子年谱》记载,孔子在五十七岁、五十八岁两年中,曾经离开卫国回到鲁国。蒋伯潜先生在他的《诸子通考》中也对孔子这一段行迹作了精辟的考证。现举两事转述如下:

(1) 孔子五十七岁时与学生子贡在鲁国。

据《左传·定公十五年》记载:

> 十五年春,邾隐公来朝。子贡观焉。邾子执玉高,其容仰;公(鲁定公)受玉卑,其容俯。子贡曰:“以礼观之,二君者皆有死亡焉。夫礼,死生存亡之体也……今正月相朝而皆不度,心已亡矣。嘉事不体,何以能久?……君(鲁定公)为主,其先亡乎!”……
>
> 夏五月壬申(二十七日),公薨。仲尼曰:“赐(子贡,姓端木,名赐)不幸而言中,是使赐多言者也。”

《左传》这段文字,记载了鲁定公十五年(前495,时孔子五十七岁)春天与来朝的邾隐公会见的情景。地点在鲁国的朝廷上。孔子的学生子贡目睹了两君不合礼节的举动,便预言定公将先于邾隐公死亡。到了夏五月壬申这一天,定公果然不幸去世。于是又引起孔子对子贡的一番议论。这就有力地证明了子贡和孔子当

年已经身在鲁国都城曲阜。因此,《孔子年谱》记载说:

前495年(……鲁定公十五年)五十七岁。

孔子去卫居鲁。夏五月鲁定公卒。……

(2)孔子五十八岁时答吴使者问,在鲁国。

据《国语·鲁语下》记载:

吴伐越,堕会稽,获骨焉,节专车。吴子使来好聘……宾发币于大夫,及仲尼,仲尼爵之。既彻俎而宴,客执骨而问曰:"敢问骨何为大?"仲尼曰:"丘闻之,昔禹致群神于会稽之山,防风后至,禹杀而戮之,其骨节专车,此为大矣。"……

三国吴韦昭注曰:

会稽,山名。堕,坏也。吴王夫差败越于夫椒,越王句践栖于会稽,吴围而坏之。在鲁哀元年(前494)。

《国语》的这段文字,写吴王夫差出兵打败越王句践,毁坏了越国都城会稽,并且获得了装满一专车的骨节。吴王特地派使者到鲁国,向孔子请教这么大的骨节的出处。孔子会见了吴使者,一起饮酒,并回答了他的问题。韦昭注明这件事情发生在鲁哀公元年。因此,《孔子年谱》记载说:

前494年(……鲁哀公元年)五十八岁。

孔子居鲁,吴国使人聘鲁,问于孔子。……

孔子是五十五岁开始离开故乡曲阜周游列国的。到了五十七岁、五十八岁,便和从行的学生子贡出现在鲁国的朝廷上,议论朝政,并会见了吴国的使者,以渊博的知识解答了他的疑问。看了这些确凿可靠的史实,不知道余秋雨先生还会说孔子周游列国整整十四年"没有回过故乡"吗?

(二)胡编乱改、信口开河为哪般?

余秋雨先生在他的"历史文化大散文"中,经常写到历史上曾经发生过的一些真实的事件。按理说,这些事件大都有确凿可靠的文献资料为依据,只要按照文本翻译或叙述就可以了,其内容和细节是不应该有什么出入的。然而奇怪的是,在余先生的笔下,这些历史事实就像小说一样被说走了样,包括人物、时间、地点、情节等等,好像他手里别有秘本似的,但认真地查考一下,又什么根据都找不到,纯属胡编乱改。这样的例子实在太多,下面就举他的新作《苦旅余稿·问卜中华》中王懿荣以身殉国的事来说一说。

事情发生在公元1900年,八国联军入侵中国,攻陷了北京,时任京师团练大臣的金石文字学家王懿荣无力守卫京师,便投井自杀。事后,他的同僚和好友孙葆田撰写了一篇《皇清诰授荣禄大夫、追赠侍郎衔、赐谥文敏、前团练大臣、国子监祭酒王公神道碑铭》。碑铭全长1 700余字，详细记载了王懿荣及其妻子、儿媳殉难前的经历。现将原文有关内容摘录如下：

至庚子(1900)夏，[懿荣]遂与李侍郎端遇同拜团练大臣之命……七月二十日，公犹呼宣武门出至团练局，而是日洋兵已入齐化门，甘军溃散，京师乱。练勇仓猝不能成军。公薄暮入城，次日(七月二十一日)早，洋兵已攻东安门，公徘徊庭院，日晡时(下午三时至五时)，传闻两宫(慈禧太后与光绪皇帝)銮舆已西狩，公慨然曰："吾可以死矣!"吞金钱二及仰药，皆不绝，乃书绝命字于几，投井而死。继配谢夫人与长媳节孝张氏妇，亦同时先公殉焉。时七月二十二日也。越数日，张侍郎英麟始率人出井中尸，面目如生，乃为置薄材成殓。时洋兵犹充斥，太学诸生乃相率服短衣泣拜于第。

……乱定，丰润张公使人微至京师，探得其实，事闻行在，诏追赠侍郎衔，赐谥文敏，准建专祠。谢氏、张氏皆附祀。(《清代碑传全集》，上海古籍出版社1987年版第1451—1452页)

神道碑铭的作者孙葆田，是清同治十三年(1874)进士，著名经学家，也是王懿荣生前的至交。他在得知王殉难的消息后，曾与同僚们一起为其设灵位致祭，并写了悼词。这篇神道碑铭又是应王懿荣次子崇烈的请求写成的。所叙内容应当是真实无误的第一手资料。余秋雨先生要复述这段历史，王懿荣的神道碑铭是无论如何都必须参

考并作为依据的。那么,他在《问卜中华》里是怎么写的呢?请看:

> 一九〇〇年八月十五日(农历七月二十日)早晨,王懿荣被告知,慈禧太后和光绪皇帝已经逃离北京。
>
> 王懿荣,这位大学者这时又担负着北京城的防卫职务。他头上多了一个官衔:"京师团练大臣",代表朝廷与义和团联系,但现在一切都已经晚了……于是,唯一的选择是……自杀殉国。
>
> 他自杀的过程非常惨烈。
>
> 先是吞金。金块无毒,只是凭着特殊的重量破坏肠胃系统……但是,挣扎许久仍然没有死亡。于是喝毒药。在已经被破坏的肠胃系统中灌进剧毒……但居然还是没有死。最后,他采取了第三项更彻底的措施,爬到了井边,投井而死。从吞金、饮毒到投井,他硬是把官员的自杀方式、市民的自杀方式和农人的自杀方式全部轮了一遍……
>
> 他投井之后,他的妻子和儿媳妇也随之投井。
>
> ……事后,世情纷乱,谁也不再记得这一口砖井,这三条人命。(《收获》2007 年第 1 期 109 页)

我们把余先生的这些描写,跟孙葆田所写的神道碑铭作一比较,就可发现几处细节被说走了样:

(1) 碑铭写到王懿荣从传闻中听说慈禧太后和光绪皇帝逃离北京前往西安(两宫西狩)的时间,是在庚子年(1900)七月二十一日晡时（下午三时至五时），而余先生却说成了七月二十日早晨，两者相差了一天多。而且农历七月二十日，折算成公历应当是八月十四日，余先生却说成八月十五日，两者也差了一天。

（2）碑铭写到王懿荣第一次自杀是“吞金钱二”，而余先生却说是吞“金块”。“金钱”的分量比较轻，而且形圆润滑，吞下肠胃去一时死不了是可能的，而金块则相当沉重，可以“凭着特殊的重量”致人死命。两者吞食的后果是不同的。

（3）碑铭写夫人谢氏和长媳张氏是死在王懿荣之前（先公殉焉），而到了余先生笔下却变成在王懿荣“投井之后”才“随之投井”。

这三处细节上的不同，如果是虚构的小说，本来无足轻重，也不会引起谁的注意。但让人弄不懂的是，余先生明明在讲述历史，而作为历史文献的碑铭中对这些细节不是记载得很清楚很具体吗，为什么非要一个个去胡编乱改呢？唯一合理的解释是，余先生根本没有看过这篇碑铭，他的故事情节不知道是从哪一本名胜古迹介绍或旅游手册中抄来的！

除了胡编乱改史料以外，余先生还有一个显著的毛病，就是信口开河任意发挥。这里也谈两点：

（1）余先生说：王懿荣“从吞金、饮毒到投井，他硬是把官员的自杀方式、市民的自杀方式和农人的自杀方式全部轮了一遍”，这真是闻所未闻的海外奇谈。一个人采取什么方式自杀，带有很大的随机性。如侠士武将，往往以随身佩带的刀剑刎颈或刺腹而死。同样是女人，自杀方式也不一而足。《后汉书·列女传》荀爽之女荀采，丈大早死，家里逼她另嫁，她先是“怀刃自誓”，刀被夺走后，又入室掩户，以衣带自缢。《醒世恒言》中写到的蔡瑞虹小姐，父母全家被强盗杀害后，忍辱偷生，后来为父母报了仇，她就用剪刀刺喉自杀。《红楼梦》中的丫头金钏儿性格刚烈，因不甘受主子责罚竟投井身亡。此外，还有跳楼、跳崖、跳河自杀的。从来没有听说什么阶层、什么身份的人自杀还得专门采取他们特有的方式。余先生没有为自己的说法提出任何理论和事实的依据，显然是信口开河的无稽之谈。

（2）余先生说：王懿荣和妻、媳死后，“世情纷乱，谁也不再记得这一口砖井，这三条人命”。这种发挥，显然又与史实不符。首先碑铭中写得很清楚，就在王懿荣和妻、媳壮烈殉国后几天，侍郎张英麟便“率人出井中尸”，暂“为置薄材成殓”。在当时“洋兵犹充斥”京师的情况下，太学诸生（王懿荣生前任国子监祭酒，相当于太学校长）便“相率服短衣泣拜于第”。“乱定，丰润张公使人微至京师，探得其实，事闻行在（西安），诏追赠侍郎衔，赐谥文敏，准建专祠，谢氏、张氏皆附祀”。不久，王懿荣次子崇烈又从家乡赶到北京，“扶三榇归葬”，至交孙葆田与同僚等特设灵位，并作悼词以祭之。王灵柩归葬六年以后，孙葆田又应崇烈之请，为其父撰写了长达1 700余字的神道碑铭。由此可知，王氏一门三人殉国，死后是备极哀荣的。此外，王懿荣是第一个发现并识读殷墟甲骨文的功臣，至今100多年来，凡是研究甲骨学史的专著和通俗读物，没有一部不对他的学问和殉难事迹特作介绍的。余先生怎么可以不顾这些事实，便信口开河地说王懿荣及其妻、媳死后，谁也不再记得“这三条人命”呢？难道你非要人们像念经似的天天默诵他们的名字才算数吗！

（三）商代的医学有那么发达吗？

余秋雨先生在他的《苦旅余稿·问卜中华》一文中写道：

> 甲骨文和殷墟告诉人们，商代的医学已经相当发达，举凡外科、内科、妇产科、小儿科、五官科等医学门类都已经影影绰绰地具备……

余先生在这里用的完全是专家的口气。他说“商代的医学已经相当发达”，发达的标志就是“外科、内科、妇产科、小儿科、五官科等医学门类都已经影影绰绰地具备”。听了余先生的断言，人们不禁要问：这样夸张性的说法，跟商代医学的实际情况符合吗？

我是在退休前10年调到上海中医学院出版社工作的，最后还担任了5年总编辑，虽然不是中医专业的科班出身，但为了适应业务的需要，曾经阅读过医药史一类的书籍，知道3 000多年前商代的医学还处在相当原始的阶段。人们虽然已经会患上各种各样的病痛，但还没有产生后世医学分科的概念。那时巫和医是合二为一的，就医术而言，无非是有些巫师懂得一点针灸和按摩的手法，遇到病人，笼统地诊疗一下，能够治愈最好，否则就只能采用巫术和占卜的办法，以祈求天帝和先祖神灵来为病人祛病消灾。据我揣测，余先生大概是把甲骨卜辞中提到的疾病名称跟后世的医学分科混为一谈了。

现在就让我们来看看商代甲骨卜辞中关于疾病占问的情况是怎么记载的：

①贞疒口（这是占问口部疾病的卜辞。贞，占卜。疒，同“疾”，患病。）

②贞王其疒目（这是占问商王眼病的卜辞。）

③贞有疒自隹有蚩（这是占问鼻病。自，“鼻”的古字。隹，同“唯”，助词。蚩，灾祸。）

④贞疒耳隹有蚩（占问耳病）

⑤贞疒舌隹有蚩（占问舌病）

⑥贞疒齿御于父乙（占问牙病。御，祓除不祥的祭名。父乙，指男性祖先。）

⑦贞王□不隹蛊（□，指口腔疾病。蛊，指祸患。）

⑧贞疒足龙（占问脚病。龙，祸患。）

⑨贞疒止御于妣己（止，同“趾”，脚趾。妣己，指女性祖先。）

⑩贞王疒首亡延（首，头。亡，无，不。延，绵延。）

⑪贞王疒身隹妣己蚩

⑫贞王腹不安亡延

以上十二例卜辞，分别记载了当时人们口、目、鼻、耳、舌、齿、□（口腔）、足、趾、头、身、腹十二个部位患病以后占卜求神的情况。如果有人要问这些病痛按照后世医学的分科应当属于哪些科目时，你可以大致将其划归五官科、内科和外科三科。但要是仅仅根据这些卜辞，便断言商代早就有了五官科、内科和外科，医学已经相当发达，那就无异于痴人说梦了。因为疾病种类的繁多，跟医学技术的发达与否完全是两码事，不能混为一谈。下面让我引用吴浩坤、潘悠合著的《中国甲骨学史》中的一段话来作为本文的结束：

> 胡厚宣先生广泛搜集武丁时的甲骨文资料，撰为《殷人疾病考》一文，指出殷人之疾病约有头病、眼病、耳病、牙病、舌病、喉病、鼻病、腹痛、足病、趾病、尿病、产病、妇人病、小儿病、传染病等十六类……由于殷人迷信，认为疾病之起，缘于天神或祖妣降灾，故从甲骨文看，其治疗方法唯有祈祷占卜而已。

我想，看了这一段专家的介绍，余秋雨先生的“商代医学发达论”，也许可以到此为止了吧！

（四）老子生前能不能见到函谷关和潼关？

余秋雨先生在他的《苦旅余稿·古道西风》中，写到老子晚年决定辞去周守藏史的官职，到关外去隐居终老时说：

> 现在他（老子）要出发了，骑着青牛，向函谷关出发。
>
> 向西，还是古道西风，西风古道。
>
> 洛阳到函谷关也不近，再往西就要到潼关了，已是今天的陕西地界。……（《收获》2007年第2期82页）

在这段短短的引文中，涉及了两座著名的关隘，一座叫函谷关，一座叫潼关。老子生前能见到这两座关吗？

先说函谷关。此关有新、旧两处，时代早的一处称旧函谷关。《中国历史大辞典》注释说：

> 旧函谷关。战国秦置。在今河南灵宝市东北。东自崤山，西至潼津，绝岸壁立，谷深道狭，深险如函，通称函谷，号称天险。因关在谷中而得名。

蒋伯潜《诸子通考·老子》说：

> 孔子之时，二崤固尚属晋也。老子如与孔子同时，固尚无函谷关也。……函谷关之置，最早约在［秦］献公十年（前375）。

以上引录都说函谷关始置于战国时代的秦国。对此，学术界从来无人提出过异议。

关于老子其人，司马迁《史记·老子韩非列传》认为共有三个，其一是做过周守藏室之史的李耳，孔子曾向他问礼，则当生于春秋后期；其二是楚国的老莱子，生与孔子同时；其三是太史儋，曾西去秦国谒见秦献公，则当生于战国前期。余秋雨未经任何考辨，就断言老子是周守藏史李耳，而且说他“比孔子大”，接着又说这个“老子曾经西出函谷关”。既然老子年长于孔子，当然也就是春秋后期的人了（有学者考证，老子李耳生于公元前571年）。那就难怪人们要向余秋雨质疑了：生活在春秋时代的老子，能看到100多年以后战国秦献公时才建造起来的函谷关吗？这跟胡扯曾在清代乾隆朝做过宰相的刘罗锅参加了新中国的开国大典有什么两样？

再说潼关。《中国历史大辞典》注释说：

> 潼关。东汉置。在今陕西潼关县东北杨家庄附近。当陕西、河南、山西三省交通要冲，自古为军事重地。

说潼关为东汉时置，根据何在呢？查遍了《后汉书·郡国志》以及其他有关纪传，竟然找不到一处潼关的记载。其实潼关的地名始见于《三国志》，如《许褚传》说：

> 太祖（曹操）徇淮、汝，褚以众归太祖……从讨韩遂、马超于潼关……后数日会战，大破超等。

清顾祖禹《读史方舆纪要·陕西一》说：

> 其重险则有潼关。建安十六年（211），曹操破马超于潼关（顾注：潼关之名，始见于此）。

曹操死于公元220年，正是东汉末年。辞书编纂者找不到其他确凿的依据，又因为前、后《汉书》中没有关于潼关片言只语的记载，判断它不可能建造于西汉，所以便按照《三国志》所述，注释为："潼关。东汉置。"

确定了潼关建置的时代以后，人们必然又要向余秋雨先生质疑了：你所说的那位老子，能见到潼关吗？

问题非常清楚，说老子见到过潼关，比起老子出函谷关的传闻来，显得更加荒唐。因为，关于老子其人，还有三种选择，如果你认为他是与战国秦献公同时的太史儋，那就完全有可能见到过函谷关，但对于潼关来说，这种可能性就绝对没有了。你想，东汉始于公元25年，说生活在300多年前战国时代的太史儋能够看到潼关，这不是大白天说梦话吗！至于春秋后期的李耳，那更是八辈子也挨不上了。

（五）孔子有没有一位伉俪情深的爱妻？

余秋雨先生在他的《古道西风》第五章中写道：

> 孔子回到故乡时已经六十八岁，回家一看，妻子在一年前已经去世。孔子自从五十五岁那年开始远行，再也没有见到过妻子。这位在世间不断宣讲伦理之道的男子，此刻颤颤巍巍地肃立在妻子墓前。老夫不知何言，吾妻！（《收获》2007年第2期84页）

在余先生这支生花妙笔酣畅淋漓的描绘下，一位生前与丈夫孔子伉俪情深的爱妻形象便突显在当代读者的眼前。然而历史的真相究竟如何呢？让我们根据有关的文献和学者的考证作一点比较客观的介绍吧。

孔子的一生只结过一次婚，他唯一的妻子叫亓官氏（亓音 qí）。据《孔子家语·本姓解》记载：

[孔子]至十九，娶于宋之亓官氏，一岁而生伯鱼(孔鲤，字伯鱼)。

另据《孔子大辞典·孔子年谱》的记载：

前485(……鲁哀公十年)六十七岁。

孔子在卫。夫人亓官氏卒。

在我查检到的历史文献和权威工具书中，关于亓官氏一生的经历就是这些，无非说孔子什么时候娶她，什么时候生下儿子孔鲤，什么时候她去世了。至于她跟孔子一起相处了多少年，夫妻之间感情如何，可以说没有片言只语的叙述和交代。实在弄不清余秋雨那样生动传神的描写是从哪里来的。是确有所据呢，还是凭空虚构的戏说？查来查去，终于从袁安定《论语与做人》一书的论证中得知，原来亓官氏生前早已被丈夫休弃(至迟在孔子五十五岁开始周游列国以前)。孔子对她究竟感情如何，我们从现存儒家重要经典《礼记·檀弓上》的一则记载中可以有所了解：

伯鱼(孔鲤)之母死，期(音jī，一周年)而犹哭。夫子闻之，曰："谁与哭者?"门人曰："鲤也。""夫子曰："嘻，其甚也!"伯鱼闻之，遂除之。

唐孔颖达疏：

> 时伯鱼母出，父在，为出母亦应十三月祥，十五月禫。言期而犹哭，则是祥后禫前。祥外无哭，于时伯鱼在外哭，故夫子怪之，恨其甚也。

“伯鱼之母”就是孔子之妻亓官氏。从孔颖达疏中的“伯鱼母出”、“出母”等说法可以看出，亓官氏生前已经被丈夫休弃了。对于孔鲤来说，她是“出母”，而对孔子来说，她就是“出妻”，即被休弃、离异的妻子。《礼记·檀弓上》所载这段文字的大意是：

> 孔鲤的母亲亓官氏去世了，过了一年的守丧期后，儿子还在穿着丧服哀哭。孔子听到后问门人：“是谁在哭丧啊？”门人回答：“是孔鲤。”孔子说：“嘻，这也太过分了！”孔鲤听到了父亲的斥责，马上脱掉丧服，停止了哭泣。

孔颖达疏所说的“祥”是指小祥，即服丧十三个月的丧祭，而“禫”(dàn)也是丧祭名，称除服丧，即服丧十五个月后解除丧祭。按照丧礼规定，被父亲休弃的母亲去世后，如果父亲健在，亲生儿子为“出母”守丧，只要满一周年就应解除丧服停止哀哭，否则就延长到第十三个月的小祥了。小祥期间是不应当哀哭的，现在孔鲤抑制不住对母亲的感情还在哭个不停。孔子就气愤地斥责他做得太过分了。孔鲤于是只好除服止哭。

针对以上的记载，袁定安先生在他的《论语与做人》一书中加以评论说：

孔子出妻，不让其亲子为亲母于“祥”外举哀，似乎夫妻情义未免太薄！

介绍到这里，读者诸君也许已经看得很清楚：原来亓官氏在孔子五十五岁出国周游以前，早就与丈夫离异，成了他的“出妻”。两人之间的感情，虽然由于亲生儿子孔鲤的存在，还不至于完全恩断义绝，视同陌路，但伉俪情深是肯定谈不上了。你想，亓官氏才死了一年，孔鲤守丧期刚满，不过因为悲伤过度，忍不住哀哭了一下，便受到了这位薄情父亲的斥责。由此不难推断，孔子和亓官氏生前的感情已经淡薄到了何等程度。余秋雨先生大概根本不知道《礼记·檀弓上》的这段记载，所以才会想当然地写出孔子“颤颤巍巍地肃立在妻子墓前。老夫不知何言，吾妻！”这样肉麻当有趣的情景。让人读了可真有点忍俊不禁！

（六）儿子死后，孔子怎么会没有亲人了呢？

余秋雨先生在《苦旅余稿·古道西风》第五章中写道：

[孔子]七十岁（笔者按：应是六十九岁）时，独生子孔鲤又去世了。白发人送黑发人，老人悚然惊悸。他让中国人真正懂得了家，而他的家，却在他自己脚下，碎了。

此时老人的亲人，只剩下了学生。（《收获》2007 年第 2 期 84—85 页）

什么叫亲人？通常是指有血统关系的亲属。亲属包括直系和旁系：直系包括父、母、子、女和配偶，旁系包括兄、弟、姐、妹等。这些都可以统称为亲人。余秋雨先生为了突出渲染孔子晚年的孤独无依，就说他在独生子孔鲤死了以后便再也没有亲人，“只剩下了学生”。这种说法，显然是违背历史事实的无稽之谈。

在孔子六十九岁那年，他的独生子孔鲤去世了，但这并不能说他从此就没有了亲人。事实上，与他同辈和下一辈的亲人还有，而且不止一个。

先说同辈的。

孔子的父亲是鲁国陬邑大夫叔梁纥。据《阙里志》卷四记载：

> 陬大夫名纥，字叔梁，以勇力闻诸侯，娶鲁施氏，生九女而无子。其妾生孟皮，字伯皮，有足疾，不任继嗣。乃求婚于颜氏，颜氏有三女，其父问曰：“……三子孰能为之妻？”二子莫对，其幼徵在进曰：“从父所制，将何问焉？”父曰：“即尔能矣。”遂以妻之。

根据以上记载和后世学者的考证，孔子父亲叔梁纥是最后娶颜徵在为妻生下孔子的，在此之前，他的原配夫人施氏，生有九个女儿而未生儿子，被丈夫休弃。这九个女儿都是孔子同父异母的姐姐，是他的亲人。孔子六十九岁时，她们不可能全部去世。此外，叔梁纥还有一妾，生下一子名孟皮，因为跛足而不能继承父业，但他毕竟是孔子同父异母的哥哥，应当算他的亲人。孟皮的卒年无可考，只能存而不论。但如断定孔子六十九岁时他已去世，也是没有根据的。

再说孔子的后辈。

孔子除儿子孔鲤外，还有一个女儿（名字无考），据《论语·公冶长》记载：

> 子谓："公冶长可妻也，虽在缧绁之中，非其罪也。"以其子妻之。

公冶长是孔子的学生，因为非其罪而身陷囹圄，孔子就将女儿嫁给了他。孔子十九岁与亓官氏结婚，二十岁即生伯鲤。女儿肯定要小于儿子。伯鲤死时才五十岁，女儿则小于五十。毫无疑问，她应当是孔子在世的亲人。

据袁定安《论语与做人》一书的考证，孔子的哥哥孟皮生有一子三女，一子名孔忠，字子篾，是孔子的侄儿；三女都应是孔子的侄女。据《论语·公冶长》记载：

> 子谓："南容，邦有道，不废；邦无道，免于刑戮。"以其兄之子妻之。

又《论语·先进》记载：

> 南容三复白圭，孔子以其兄之子妻之。

《论语》这两段记载都说明，孔子曾经做主，把三个侄女中的一个嫁给了他的另一位弟子南容（即南宫括）。史籍中未见记载孔子的侄儿孔忠和三个侄女先他而死,他们也应是孔子在世的亲人。

此外,孔鲤五十岁去世的时候,已经生有一子,名孔伋,字子思,虽然只有一岁,但年龄再小,嫡亲的孙子能够说不是祖父的亲人吗?

由此可见,在亲生儿子孔鲤去世以后,生活在家乡曲阜的孔子还有那么多的亲人。余秋雨先生竟然说他一个亲人也没有了,只剩下了学生。随心所欲地作出这种违背历史事实的无稽之谈,胆子也实在太大了!

(七) 文化名人不懂对仗

文化名人怎么会不懂对仗? 此话是否说得有点过分?

什么叫对仗?《现代汉语词典》的解释是:"(律诗、骈文等)按照字音的平仄和字义的虚实做成对偶的语句。"按照我的理解,还可进一步分为三层意思来说:

(1) 对仗是某些文学样式(如律诗、骈文)中配对的语句。上下句必须字数相同。

(2) 上下句的字音,要平仄相对(即仄对平,平对仄)。结尾的字,一般应上句仄声,下句平声。

(3) 上下句的字义,一般应词性相同,意义相关。

当然,以上所说只是对仗的基本要求,在具体写作中,某些字的平仄和意义还可有适当的变通,如七言律诗句中的一、三、五字往往可平可仄,某些字的词性不一定相同。但一般说来,要做到对仗工稳,这些规定还是应当尽量遵守的。过分出格或者完全不守规矩的写法,难免会受到行家的讥评。

对联是由律诗、骈文中的联句演化而来，本来以五字、七字、四字、六字为常见的形式，后来独立发展，少至二字、三字，多至几十、几百字，但其对仗的要求仍不外乎上面提到的三点。

余秋雨先生喜欢谈对仗，有时兴之所至，也会自己写写对联，俨然是一副行家的架势。但其实在他的脑海里，对仗或对联，只要字数相同的两个句子凑合在一块，意义上有些相关即可，至于平仄是否相当，尤其是上下联的句末是否先仄后平，他是根本不予考虑的。这就难免要贻笑大方了。下面举三个例子来证明：

（1）余先生在其记忆文学《我的一生》第四章中谈到他的同学周启平因尿毒症死去后召开追悼会时写道：

> 我为这个追悼会写了一副挽联，高挂在灵堂中间：
>
> 父亲何去？娘亲何去？孤身一人走寒冬；
>
> 教室空也，街市空也，半箱遗书付狂风。
>
> 记得我趴在地上用大毛笔写这副挽联的时候，身后已是同学们的一片呜咽。

从上面最后一段的描写来看，余先生对自己这副引起“同学们的一片呜咽”的挽联是十分得意的。但仔细推敲一下，联语中毛病不少。首先是文意不明：人走了，“教室空也”，可以理解，但“街市空也”就不知所云了。还有“半箱遗书付狂风”什么意思？是把遗书撕成碎片让狂风吹走吗？恐怕也说不通。余先生的文章常常是只顾自己尽情发挥，而不顾别人能否理解的。

这副挽联最糟糕的还是对仗问题。上联说“父亲”“娘亲”，下联就应该用“教室”“×室”与之相对，现在“教室”后面却用了“街市”，这就对不起来了。上联两个短句末尾用“去”，下联两个短句末尾用“也”，“去”和“也”都是仄声，根本就没有对仗。还有上联末句“孤身一人走寒冬”（平平仄平仄平平），下联末句“半箱遗书付狂风”（仄平平平仄平平），两句的二四六字都是平声，没有对仗，末尾第七字也没做到上仄下平，更是完全不讲对仗，违反格律要求。这样信手乱写的挽联，怎么不让行家笑话呢？

（2）2003年8月7日，余秋雨先生在发表于《新民晚报·夜光杯》的《风尘三尺剑，天涯一车书》一文中谈到他为自己的线装新书《文化苦旅》刻联为章和修改林则徐对联的趣事，他先写道：

> 第二册的第一枚闲章为：“梦里寻梅，百门寥落”；第二枚印章为“海外追云，千年一叹”。两枚可成一联……

这里“可成一联”的两句话，上句是“梦里寻梅，百门寥落”（仄仄平平，仄平平仄），下句是“海外追云，千年一叹”（仄仄平平，平平仄仄）。每句八个字中有六个字上下平仄完全一样，句末的字也不是上仄下平。这样完全不讲对仗的句子，能算对联吗？

接下来，余先生又为《文化苦旅》第三册拟了一副对联：

> 海若无边天作岸，山至绝顶我为峰。

余先生得意地说：这一联“最早见有林则徐写过，后人再写每有改动，我又改了”。

查一下林则徐的这副对联，本来是题写在福建马尾岛罗星塔上的，原文作：

> 海到无边天作岸，山登绝顶我为峰。

记得著名画家刘海粟教授将此联书赠沈祖安先生时，曾改为：

> 海到尽时天是岸，山登绝顶我为峰。

林则徐这副七言对联，其格律是“仄仄平平平仄仄，平平仄仄仄平平”。其中上下句第二字必须上仄下平。刘海粟这两字未作改动，只将上句的“边”改为“时”（平改平）、“作”改为“是”（仄改仄），完全与格律相符。仅仅第三字“无”改为“尽”（平改仄），但第三字属于可平可仄，无碍对仗。然而余先生却把下句不能改动的第二字平声“登”擅改为仄声“至”，这就犯了对仗的大忌。

（3）余秋雨先生在《苦旅余稿·天下学宫》一文中谈到古希腊的“雅典学园”和中国战国时代的“稷下学宫”时写道：

> “雅典学园”和“稷下学宫”，在名称上也可以亲密对仗。

短短的一句话，又充分暴露出余先生不懂对仗格律的毛病。“雅典学园”和“稷下学宫”，且不说其中的第三字都是“学”，不能对仗，就以两者的字音来看，前者为仄仄仄平，后者也是仄仄仄平，声律完全一样，怎么能谈得上“亲密对仗”呢？根据以上三个例子，人们说余先生这位文化名人不懂对仗，看来并没有言过其实。

（八）卫宏何曾写过《汉书旧仪注》？

余秋雨先生在《苦旅余稿·历史的母本》中写道：

> 有学者从卫宏的《汉书旧仪注》、葛洪的《西京杂记》和桓宽的《盐铁论》等著作中的某些说法判断，司马迁最后还是因为老是有怨言而下狱被杀。

读了上述文字开头所提到的卫宏著作《汉书旧仪注》，不能不引起跟中国古籍打了几十年交道的我的疑问：卫宏写过《汉书旧仪注》这本书吗？

所谓《汉书旧仪注》，顾名思义，大概不外乎是一本注释《汉书》中各种传统礼仪的专著。但查一下有关《汉书》研究的图书目录，大致有《汉书集解》、《汉书音义》、《汉书辨惑》、《汉书刊误》、《汉书补注》、《汉书札记》、《汉书管见》、《汉书疏证》、《汉书人表考》、《汉书注校补》、《汉书艺文志考证》、《汉书地理志稽疑》等十来种，却从未见过《汉书旧仪注》这样的书名。而且，《汉书》的作者班固与卫宏都是东汉人，但班固所处的时代晚于卫宏。据文献记载，《汉书》的写成要迟至汉章帝建初（76—83）年间，而卫宏那时早已去世，不可能看到《汉书》，又怎么能为它的“旧仪”作注呢？所以，

《汉书旧仪注》的书名肯定有误。

那么，卫宏究竟有些什么著作呢？《后汉书》本传说他："宏作《汉旧仪》四篇，以载西京杂事。又著赋、颂、诔七首，皆传于世。"所谓的"赋、颂、诔七首"，现在均已亡佚，真正传世的就剩下一部《汉旧仪》了。据《四库全书总目提要》考证，《汉旧仪》的名称，南朝梁刘昭在注《续汉书·百官志》时就已多处大段引用，只是未出作者姓名。到了南宋陈振孙的《直斋书录解题》中，始将书名改为《汉官旧仪》，定为卫宏所著。后来《永乐大典》本也名《汉官旧仪》，收入《四库全书》，《提要》认为，从此本所列篇目来看，"自皇帝起居、皇后亲蚕，以及玺绶之等、爵级之差"，无不详细陈述，与《后汉书·卫宏传》所说"西京杂事相合"。此外，"前、后《汉书》注中，凡引用《汉旧仪》者，并与此卷（指《永乐大典》本）所载相同"，因此判定书名《汉官旧仪》中的"官"字为后人所加，应当删去，复原为《汉旧仪》，与《后汉书·卫宏传》一致。

不知道余秋雨先生所说的卫宏这部书是从哪里抄来的。抄的时候心急慌忙，无暇细顾，竟然化三为五，前面嵌了个"书"字，后面拖了个"注"字，杜撰出一本谁也没听说过的《汉书旧仪注》。这样的注水猪肉，叫人吃了怎么能放心呢！

（九）司马迁生在韩城也葬在韩城

余秋雨先生在《苦旅余稿·历史的母本》中写道：

> 我曾无数次地去过西安……心中却一直想着西安东

北方向远处滔滔黄河边的龙门，司马迁的出生地。还能记得《尚书·禹贡》中的话："两岸皆断山绝壁，相对如门，惟神龙可越，故曰龙门。"我知道韩城还有司马迁的墓和祠……（《收获》2007年第6期106页）

这里首先要纠正一下余先生乱引古书的差错。他说"两岸皆断山绝壁，相对如门，惟神龙可越，故曰龙门"是"《尚书·禹贡》中的话"。有一位专治历史地理学的教授告诉我，这几句话，不但《禹贡》里没有，就连汉唐人的注疏中也找不到。不知道余秋雨是从当代哪篇文章中抄来的二手材料扣在《禹贡》头上的。

我查了一下《尚书·禹贡》的原文，其中涉及"龙门"的只有以下两句：

浮于积石，至于龙门、西河。

道河积石，至于龙门。

再看汉孔安国的传：

龙门山，在河东之西界。

唐孔颖达的疏：

《地理志》云：龙门山在冯翊夏阳县北。此山当河之道，禹凿以通河东郡之西界也。

无论从《禹贡》本文还是从汉、唐人的注疏看，都找不到余先生所引用的那几句话，就连郦道元的《水经注》、李吉甫的《元和郡县图志》等地理专著中也不见其踪影，我看八成儿是他从当代的名胜古迹介绍或旅游手册中转抄过来的。引用史料，只抄不查，以致张冠李戴，牛头不对马嘴，这在余秋雨先生的“历史文化大散文”中，可以说屡见不鲜。这样的治学态度，实在是太不严肃了。

下面转入正题，来谈谈“龙门”和“韩城”究竟是个什么关系。

余先生在文章中先是说：“远处滔滔黄河边的龙门，司马迁的出生地。”接着又说：“我知道韩城还有司马迁的墓和祠。”他这两句话明确地告诉人们：“龙门”和“韩城”属于两个不同的地方，司马迁是生在龙门，死后葬在韩城的。如果你在韩城祭扫了司马迁的墓以后，还想参观一下他生前的故居，那就非得专门去一趟龙门不可。事实果真如此吗？

据权威的《中国历史大辞典》告诉我们：司马迁，“西汉左冯翊夏阳（今陕西韩城南）人”。只字未提他出生在龙门。余先生的“龙门”一说，大概来自《汉书·司马迁传》：“迁生龙门，耕牧河山之阳。”殊不知这里的“生龙门”是不能望文生义地理解为“出生在龙门”这一具体地点的，更不能把“龙门”和“韩城”看成两个不同的地方。

其实《尚书·禹贡》所说的“龙门”，指的是位于今陕西和山西两省交界处的龙门山。相传夏禹治理黄河，此山正当黄河流经的要道，夏禹便凿开山体，使其分立两边如门阙，让黄河由北向南从两阙中间流过。于是此阙被称为禹门，又称龙门。龙门既然是被凿成两半、隔河峙立的山体，它的上面就不可能住人；那么山下呢？

看来也不会。因为司马迁的祖父司马喜官为五大夫，父亲司马谈曾任太史令之职，这样的官宦人家怎么能把家安在山脚之下？他们应当居住在人口集中、生活方便的县城，即龙门所属的那个县城里。

龙门，秦时属于夏阳县，归内史管辖；西汉时夏阳县归左冯翊管辖。隋开皇十八年(598)始于其地设韩城县，一直沿袭到新中国建国以后。1983 年撤销韩城县，改为韩城市。龙门所在地在今龙门镇，位于韩城市东部，可见龙门与西汉的夏阳县、当代的韩城市在行政上属于同一地区。《汉书》所说的“迁生龙门”，并不表明司马迁生在龙门山上或龙门山下，而是说他生在龙门所属的夏阳县里。作者之所以不说“生夏阳”而说“生龙门”，可能是由于当时的夏阳不及龙门有名，因此便借龙门来指代夏阳了。从今天的行政区域来看，“生龙门”就是“生韩城”。也就是说：司马迁生在韩城，也葬在韩城。余秋雨先生读不懂《汉书》“迁生龙门”的正确含义，竟然把“龙门”和“韩城”分割成两个地方。这便属于违反常识的信口开河了。

（十）孔子去洛邑问礼，不可能沿着黄河向西

司马迁在《史记·孔子世家》中曾经写到鲁国南宫敬叔与孔子去周朝向老子问礼的事情：

> 鲁南宫敬叔言鲁君曰：“请与孔子适周。”鲁君与之一乘车，两马，一竖子俱，适周问礼，盖见老子云。

这段简短的记载，到了余秋雨先生撰写的“历史文化大散文”《苦旅余稿·古道西风》中，就成了非常生动的形象描写了：

> 孔子知道，自己已成为周王朝礼乐制度的主要维护者，但周王朝的历史枢纽一直在自己家乡的西边，他从年轻时候开始就一再地深情西望。三十四岁那年，他终于向西方出发，到名义上还是天下共主的周天子所在地洛邑（今洛阳）去“问礼”。
>
> ……他的这次西行有一点派头。鲁国的君主鲁昭公为他提供了车马仆役，还有人陪同。于是，沿着滔滔黄河，一路向西。
>
> 从山东曲阜到河南洛阳，在今天的交通条件下也不算近，而在孔子的时代，实在是一条漫漫长路。

别的添油加醋的描写咱就不去管它了，因为这是余先生写“历史文化大散文”的强项，他喜欢怎么发挥便怎么发挥，只要不违背基本的史实都可以。但随口乱说没有的事儿可不行。这里就有一句：他说孔子“从山东曲阜到河南洛阳”，“沿着滔滔黄河，一路向西”。在两千多年前的春秋时代，这可能吗？

这个问题，涉及历史地名沿革的专门知识。凡是研究过黄河历史的学者都知道，黄河古代单称“河”，也称“河水”或“大河”。其河道因经常溃决而改徙，自古至今，见于历史记载的大小决徙有一千五六百次，多数集中在下游。相传黄河在春秋战国时代的下游河道共有三条：一条见于《尚书·禹贡》所记，其干流自今天津市静海县东南入海；另一条见于《山海经·北山经》所记，其故道流经河北霸州市南，向东流至天津市区入海；还有一条见于《汉书·地理志》和《水经注·河水》所记，称“大河故渎”，其中有一段自河南濮阳流经河北东光，又至今黄骅市东北入海。总的说来，这三条黄河故道，位置都偏在今天黄河的西北方。从现代的地图上看，河南的濮阳市位于黄河的北面和西面，但在春秋时代它却位于黄河的东南面。这是由于黄河河道南迁所造成的。为了验证余秋雨先生所说的孔子西行路线的方位，我特地按照复旦大学谭其骧教授主编的《中国历史地图集》第一册“春秋时期全图”绘制了一张“黄河中下游地区列国示意图”，供读者参考分析。

从这张示意图可以看出，春秋时代的黄河（即河水）地理位置

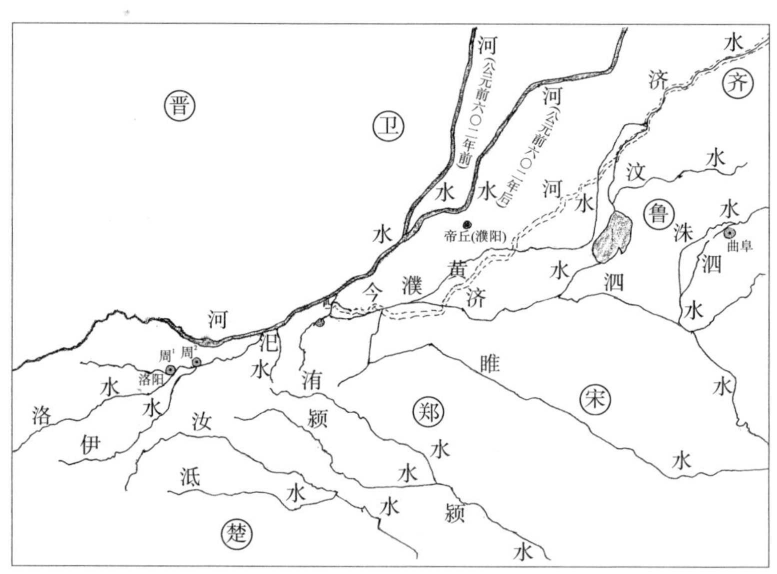

《黄河中下游地区列国示意图》

离孔子的故乡很远，中间隔着洙水、汶水、济水和濮水等几条河流。孔子从曲阜出发，前往西方的东周王城(即洛邑，今河南洛阳)，只可能会路经泗水、洙水、济水、汜水，沿着它们的水边走上一程，至于对黄河而言，不要说接近了，恐怕连影子也看不到。怎么会像余先生所说的"沿着滔滔黄河，一路向西"呢？

下面再看余先生在《古道西风》另一章中描写孔子五十五岁那年离开曲阜前往卫国的情景：

> 孔子的这次上路，有点匆忙，也有点惆怅……他还是沿着黄河向西，去卫国。……
>
> 就这样，(孔子)师生一行有问有答，信心满满地抵达了卫国的首都帝丘。这地方，在今天河南濮阳的西南部。

请大家再来看看示意图。春秋时代卫国的都城帝丘确实是在今天河南的濮阳市西南，但当时黄河的位置却在帝丘的西面和北面。孔子从曲阜出发，只要渡过洙水、济水和濮水即可到达帝丘，根本接近不了黄河。余先生说"他还是沿着黄河向西，去卫国"。这跟信口开河的胡言乱语有什么两样？

由此可见，要谈历史上某些曾经变迁的地名和旅行的路线，一点不懂地理沿革的知识，还真是不行呢！

2007 年 12 月

治古典文学者不应有的知识欠缺

——读章偶得

最近我以养病之闲，拜读了复旦大学著名教授、中国古典文学研究专家章培恒先生的几本学术专著和有关中文艺术美的访谈录，一方面为他的博学泛览、骋思善辩之功所折服，同时也为他书中经常出现不应有的知识欠缺而深感惋惜。古语云：他山之石，可以攻玉。这里，我想选摘几个比较典型的例子略加考辨，供章培恒先生参考。

（一）唐代的"者"、"下"是否押韵，不能用现代读音去判断

2004 年 4 月，章先生在接受作家陈村的采访时，谈到了唐代诗

人陈子昂的名篇《登幽州台歌》，他说：

> “前不见古人，后不见来者，念天地之悠悠，独怆然而涕下。”这里面其实押韵都不押，句式也不整齐，也不讲对仗，但是确实是很好的很美的诗。①

说陈子昂的《登幽州台歌》句式不整齐，也不讲对仗，写得很好很美，这些都没有错。作为一首杂言体的短歌，句式当然无须整齐划一，也不必讲对仗，但要说它连“押韵都不押”，那就未免有点信口开河了。

稍微懂点诗歌常识的人都知道，古诗是一种旧体诗，它在表现形式上，跟“五四”新文化运动后出现的新诗是不相同的。新诗可以押韵，也可以不押韵，无韵的新诗照样称诗；而古诗必须押韵，不押韵就不能称诗。因此，是否押韵，是区别古代诗体和文体的一条基本准则。

陈子昂这首《登幽州台歌》押不押韵，可以从两个方面来验证：

其一，它的题名中有个“歌”字（“歌”本身是古代诗体的一种），而且后人编纂的《全唐诗》、《唐诗三百首》都把它收了进去。这说明作者和研究者公认它是诗，因此不可能不押韵。

其二，《登幽州台歌》一共四句，要确定它是否押韵，主要看二、四两句（首句可押可不押）。通过查检中古时代的韵书《广韵》，可知第二句末字“者”属于上声马韵，第四句末字“下”分属上声马韵和去声祃韵。无论马（mǎ）韵和祃（mà）韵，它们中古音的韵母都是相同或十分相近的，完全可以通押。

既然从题目、体裁和入韵字的查检上都确定了《登幽州台歌》是一首押韵的杂言古诗，那么，作为古典文学研究专家的章先生，怎么会独逞臆想，贸然地向公众宣告它连“押韵都不押”呢？

我认为问题的关键，是由于章先生的专业知识结构存在着某些不应有的缺陷。从《灾枣集》[②]所收的几篇述学忆旧的文章中，我们了解到章先生早年曾师从过蒋天枢教授。在导师的点拨下，他攻读了《通鉴》、《史记》、《汉书》等史学名著和《说文》段注、《尔雅注疏》《尔雅义疏》等文字训诂学专著，还“同时泛览目录、版本、校勘学方面的书”[③]，但恰恰没有片言只语涉及对治古典文学者至关重要的音韵学。这一专业领域知识的欠缺，使他无从了解中古语音和现代语音的演变和区别。一到需要准确表述的时候，差错也就无法避免了。据我所知，章先生籍贯浙江绍兴，平时出言吐语、诵读诗文用的都是略带方音的官话。《登幽州台歌》中两个本来押韵的字“者”和“下”，到了现代普通话里已经分道扬镳，变成毫不相干的 zhě 和 xià。我估计章先生诵读时，用的是他说惯了的现代绍兴官话，当然一点和谐顺耳的感觉都没有，所以才会冲口而出，说它连“押韵都不押”了。这个差错，归根结底，只能是缺乏音韵学常识造成的。

为了证实上述情况，这里再举一个相关的例子。

他在《自我的觉醒和悲哀》一文中，引录了三国魏阮籍的一首《咏怀》诗：

独坐空堂上，谁可与欢者？
出门临永路，不见行车马。
登高望九州，悠悠分旷野。
孤鸟西北飞，离兽东南下。
日暮思亲友，晤言用自写。④

这是一首确定无疑的押韵的古诗。其中第二句和第八句的入韵字就是“者”和“下”。章先生全文加以引录，而且还对它的思想内容和艺术形象作了细致的分析，当时并没有认为其中的“者”和“下”不押韵。然而彼一时也，此一时也，后来到了要谈论另一首《登幽州台歌》时，他却把阮籍这首同样以“者”、“下”押韵的《咏怀》诗完全忘记了。这说明“者”和“下”的押韵与否，在他那里完全是一笔糊涂账。

（二）研究古代文化的人，要学一点干支纪日的常识

在古人撰写的墓志铭中，我们经常可以发现一种用数字和干支配合纪日的形式，例如：

大唐贞观十八年岁次甲辰九月辛未朔廿三日癸巳

上面这一日期，如果用最简单的形式来记述，还可写成：

贞观十八年九月廿三日

以上两种繁简不同的纪日形式，在古代的墓志铭中，哪一种属于常用的呢？说来也许让人不敢相信，根据我对《唐代墓志汇编》的查检和统计，前者的数量要远超于后者。

明明有着简单明了的表述形式，为什么古人偏要舍简就繁呢？这里的原因一时还说不清楚。但有学者认为，它可能跟考订历日的需要有关。刻在碑石上的墓志，其文中记载的时日，往往会因年代久远而导致字划缺损，如“十八年”缺字而成“十□年”，“廿三日”缺笔而成“廿二日”。这样，原来的日期就不得而知了。但如果有相应的干支标注在那里，只要查一查历表，或用干支表推算一下，缺损的数字就可以被准确地补出来。如“大唐贞观十□年岁次甲辰”，查唐代的历表，可知“甲辰”即“贞观十八年”，缺损的“□”便可确定为“八”而补上。又“九月辛未朔廿二日癸巳”，已知“九月朔”（初一）为“辛未”，查干支表时就从“辛未”往后数到“癸巳”，其数为“二十三”，便可确定“廿二”系笔画缺损而致误，应当改正为“廿三”。

干支与数字的互相配合，可以检验历日记载的正确与否，帮助人们补足缺字，纠正差错。这种方法，已经为许多学者熟知并掌握，广泛运用于文史研究和古籍的考订。

运用干支和年月日的对应规律以考证历日记载的重要性，已如上述。下面我们就来看看，作为古代文史专家的章培恒先生，是否掌握了这门知识和技能。这里试举两例：

1980年，章先生在《〈辨奸论〉非邵伯温伪作》一文中谈到邵氏

《闻见录》时，将此书自序所作的时间抄引如下：

> 绍兴二年十一月十五日甲子河南邵伯温书。[⑤]

这里的日期和干支，存在着明显的矛盾。

“绍兴”是南宋高宗的年号。查一下宋代的历表，“绍兴二年十一月”的“朔日”，其干支为“戊午”。再据干支表，从“戊午”往后数“十五”，其位置在“壬申”。这说明“绍兴二年十一月十五日”的干支应当是“壬申”而不是“甲子”。邵伯温作自序时，不可能写上这样一个错误的“干支”，章先生所据的版本肯定有误。其实，现存邵氏《闻见录》的本子并不少，其明钞本所署干支即作“壬申”而不作“甲子”。章先生自称曾“泛览目录、版本、校勘学方面的书”，为什么就想不到把明钞本拿来校勘一下，以改正底本的差错呢？看来这是由于他缺乏必要的干支纪日方面的知识，因此也就无法发现这一并不十分隐蔽的差错了。

1982 年，章先生在《〈施耐庵墓志〉辨伪及其他》和《施彦端是否施耐庵》两篇论文中，引录了两处干支纪日的文字。一处是根据施氏族谱所收杨新撰写的《故处士施公(让)墓志铭》末尾所署的立碑时间：

> 景泰四年岁次癸酉二月乙卯望日壬寅吉立。[⑥]

另一处是 1958 年出土的施让之子文昱安葬父母的地券所署的下葬时间：

大明景泰四年二月乙卯朔越有十五日壬寅。[7]

章先生抄引了这两段文字后说："年、月、日无一不合，这《墓志铭》绝不是后人造得出的。"这里，我不想就《墓志铭》的真伪问题发表什么意见，只想问一下章先生：你对这两段干支纪日的文字，有没有发现什么明显的矛盾和差错？如果看不出来，我就给你提两条：

其一，比较两句引文，可以看出上句中"二月乙卯"后少了个"朔"字。这个字是万万不能少的。缺了它，"乙卯望日壬寅"这样的说法就让人不知所云了。

其二，"二月乙卯朔"和"十五日（望日）壬寅"，其日期和干支存在明显的矛盾。"朔日"为"乙卯"，往后数十五应为"己巳"，因此十五日不可能是"壬寅"；如果十五日是"壬寅"，往前数十五应为"戊子"，则朔日也不应是"乙卯"。这样混乱的干支纪日，章先生怎么能照抄照搬而毫无察觉呢？看来问题的症结还是在于这方面知识的欠缺。

（三）碧螺春、龙井茶何时出名，哪能离开史料乱说

章培恒先生曾经写过一篇《中国茶文化杂谈》，收在《灾枣集》里。他在文章中不仅大谈自己喜欢瀹茗品茶的闲情雅趣，而且还向读者详细介绍了古今许多名茶的品位、特色及制作工艺，说来头头是道，如数家珍。这些随口胡侃的东西，在外行耳中听来，固然

会感到侃者学问渊博，才华横溢，但一碰上略通茶史的人，就会发现其间隐藏着不少常识性差错。空口无凭，且让我举几个例子来说吧。

章先生在写到现今最名贵的两种绿茶时说：

> 碧螺春的出名，始于晚清；龙井的出名则始于乾隆时期。

事实果真如此吗？先来看碧螺春。

碧螺春是当今中国十大名茶之一，是绿茶中的极品，产于江苏太湖中的洞庭东、西山。清王应奎《柳南续笔》卷二“碧螺春”条云：

> 洞庭东山碧螺峰石壁产野茶数株，每岁土人持竹筐采归，以供日用，历数十年如是，未见其异也。康熙某年，按候以采，而其叶较多，筐不胜贮，因置怀间，茶得热气，异香忽发，采茶者争呼“吓杀人香”……因遂以名是茶云……己卯岁（康熙三十八年，公元1699年），车驾幸太湖，宋公（江宁巡抚宋荦）购此茶以进，上以其名不雅，题之曰“碧螺春”。

又清戴延年《吴语》云：

> 碧螺春，产洞庭西山，以谷雨前为贵。唐皮（日休）、陆（龟蒙）各有《茶坞》诗。宋时水月院僧所制尤美，号水

月茶，近易兹名。色玉香兰，人争购之，洵茗荈中尤物也。

以上两例，都是专条记载碧螺春茶的重要资料。由前条可知，此茶民间原称“吓杀人香”。康熙三十八年，皇帝驾幸太湖，江宁巡抚宋荦购茶进献，康熙帝“以其名不雅”，始改称“碧螺春”。王应奎生于康熙二十二年（1683），时代相近，所记当为事实。后来，顾禄的《清嘉录》卷五、陈康祺的《郎潜纪闻初笔》卷四，都转引了王应奎的记载。陈康祺还进一步申说：“自是地方有司岁必采办进奉矣。”这表明康熙三十八年以后，碧螺春已经作为贡品每年进献给朝廷了。再看后条《吴语》所载，碧螺春原名水月茶，近年始改今名。因为色如玉而香如兰，所以“人争购之”。《吴语》作者戴延年的生卒虽不可考，但书后有杨复吉所作跋语云：

> ［延年］《吴语》二十余条，辛卯出都时举以赠余者。久藏箧衍，今手为校录编次，聊寄暮云春树之感云尔。乙未夏日，同郡杨复吉识。

杨复吉生于乾隆十二年，卒于嘉庆二十五年（1747—1820）。乙未年为乾隆四十年（1775），则戴延年作《吴语》二十余条以赠杨复吉的辛卯年当为乾隆三十六年（1771）。此时的碧螺春茶，在京都地区已经出现了“人争购之”的盛况，可以算得上出名了吧？乾隆三十六年应当是清朝前期，章先生说“碧螺春的出名，始于晚清”，这无论如何是说不过去的。

再看龙井茶。

“龙井茶”是产于浙江杭州的极品名茶。“龙井茶”的“龙井”，起初是以泉得名的。北宋秦观《龙井记》云：

龙井，旧名龙泓，距钱塘十里。吴赤乌中方士葛洪尝炼丹于此，事见《图记》。其地当西湖之西，浙江之北，风篁岭之上，实深山乱石中之泉也。

又作《龙井题名记》云：

元丰二年(1079)中秋后一日，余自吴兴过杭，东还会稽，龙井辩(一作辨)才法师以书邀予入山……从参寥杖策并湖而行……上风篁岭，憩龙井亭，酌泉据石而饮之。

据以上两文可知，“龙井”原名“龙泓”，实为深山乱石中的一泓泉水。秦观曾于元丰二年应辩才法师之邀，从参寥和尚上风篁岭，憩龙井亭，酌其泉而饮之。当时所谓的“饮”只是“酌泉”而非喝茶。

事有凑巧，也就在同一年，有位大臣赵抃致仕后曾去龙井游宿。六年后重访故地，遇辩才法师邀饮小龙茶，作《重游龙井》诗，诗前有序云：

余元丰己未(二年)仲春甲寅，以守杭得请归田，出游南山，宿龙井佛祠。今岁甲子六月朔旦复来，六年于兹矣。老僧辩才登龙泓亭烹小龙茶以迓余，因作四句云：“湖山深处梵王家，半纪重来两鬓华。珍重老师迎意厚，龙泓亭上点龙茶。”

这里与秦观写龙井二文不同的是，赵抃重游龙井，比秦观晚了六年；秦观喝的是纯净的泉水，而赵抃饮的是茶水。不过这时的茶水并非当地所产的龙井茶，而是产于建州（今属福建）北苑官焙的贡茶，称为龙茶，又称龙团。这说明当时的杭州可能还没有自己的龙井名茶。

“龙井茶”的出名，当始于元朝前期。虞集（1272—1348）《游龙井》诗云：

杖藜入茶山，却立赏其秀……徘徊龙井上，云气起清昼……但见瓢中清，翠影落群岫。烹煎黄金芽，不取谷雨后。同来二三子，三咽不忍漱……

诗中写到龙井的周遭已经有了“茶山”。写瓢中茶色的清纯，可以使“群岫”的“翠影”倒映其中。尤其是“烹煎黄金芽，不取谷雨后”两句，更是点出了龙井茶的形象和特色。龙井的芽头翠而略黄，以采于谷雨前者尤佳。龚建华先生在其《中国茶典》一书中说：虞集的这首《游龙井》诗“是迄今为止发现的有关龙井茶的最早记载。龙井茶如今能占得绿茶顶尖位置，虞集的这首《游龙井》也可是立尽功劳了”[8]。

到了明代，关于龙井茶的记载日益增多。田艺蘅《煮泉小品·宜茶》云：“今武林诸泉，惟龙泓入品，而茶亦惟龙泓山为最……又其上为老龙泓，寒碧倍之，其地产茶，为南北山绝品。”

又明万历《杭州府志》云:“老龙井,其地产茶,为两山绝品。”《钱塘县志》:“茶出龙井者作豆花香,名龙井茶,色青味甘。”

从元朝前期的名家诗作,到明代中叶的笔记、方志,都对杭州的极品名茶龙井作了具体的介绍和赞扬。章培恒先生对此似乎一无所知,只管自顾自地说什么龙井的出名是始于清朝的乾隆时期。这跟历史事实怎么对得上口呢?

最后再提一下关于“老君眉”的问题。《红楼梦》四十一回《贾宝玉品茶栊翠庵　刘姥姥醉卧怡红院》中有一段贾母和妙玉的对话:

> 贾母道:“我不吃六安茶。”妙玉笑说:“知道。这是老君眉。”

章先生在引完这段话后特作解释说:

> ……老君眉产于湖南洞庭湖的君山,是一种银针茶,遍身满布毫毛,形如长眉,故有“老君眉”之称。

据我所知,章先生这里所说的产于湖南洞庭湖君山的银针茶,叫做君山银针,它虽然也是一种极品名茶,但“君山”之名,据郦道元《水经注·湘水》云:“[洞庭]湖中有君山……是山,湘君之所游处,故曰君山矣。”

又王象之《舆地纪胜》卷六十九引庾穆之《湘州记》云:“昔秦皇(始皇)欲入湘观衡山而遇风浪溺败,至此山而免,因号君山。”

由上引资料可知,君山的命名,或因湘君,或因秦始皇,跟“老君”之称完全是风马牛不相及的两码事。从来也没听说有人把“君山银针”叫做“老君眉”的,有之,则始作俑者当非章先生莫属。其实“老君眉”也是清代的一种名茶,唯产地不在湖南省洞庭湖君山而在福建省光泽县的乌君山一带。清光绪《重纂光泽县志》卷五云:“茶以‘老君眉’名。乌君山前山后皆有。”

材料虽然简单了一些,但比起章先生想当然的发挥来,恐怕是更接近于事实的。

(四)北宋早有人自编词集,陆游根本数不上第一

章培恒先生在陈村的访谈录中提到,北宋的文人都把词看作小道,认为写男女之情的东西不好,会让人官做不上去。他说:

> [对于写词]简直是认为不好的事情。所以北宋的人不把词编到自己的集子里。到了南宋,欧阳修的后代请人给欧阳修编全集,才把欧阳修的词编进去。那已经是很晚了。活人自己把自己的词编进去,是从陆游开始的,陆游的《渭南文集》里边把自己的词编进去了……

章先生的这些话,听起来好像有根有据,但查一查北宋的有关文献,就会知道不是那么回事。

欧阳修生前为什么不把自己创作的那些广为流传的“艳科”小词编进文集里去呢？这是由他的特殊情况决定的。他身为朝廷大臣，又是提倡诗文革新运动的领军人物，德高望重，深受士林的景仰。为了维护自己的声誉，他在生前不把词作收进全集是可以理解的。但不能由此断言北宋所有的文人学士都会这样去做。特别是那些不太重视以道德文章取重于世而又喜欢填词的人，对于将自己的词编辑成集或者收入文集，一般并不存在什么顾虑和忌讳。章先生说：活人把自己的词编进文集，“是从陆游开始的”。此话显系无稽之谈，并无史实依据。我在这里举两个北宋名家的例子，以证实章先生的上述谬误。

其一是黄裳（1043—1129，一说1044—1130）。黄裳字冕仲，号演山。北宋南建州（今福建南平）人。神宗元丰二年举进士第一，官至礼部尚书、端明殿学士。平生著述颇丰，晚年曾将所作诗、文、词等编为《演山集》（四十卷）、《言意文集》、《长乐诗集》、《演山居士新词》四种，并分别为之写了自序。据专家考证，黄裳生前似未将其所著诸集汇为全帙。现在除《演山集》外，其余三种均已亡佚不存。但所幸的是，黄裳当年所作的《〈演山居士新词〉自序》，还完整地保存在其后人重辑的六十卷本《演山集》中。序文云：

> 演山居士闲居无事，多逸思，自适于诗酒间，或为长短篇及五七言，或协以声而歌之，吟咏以舒其情……

据上引序文可知，这本《演山居士新词》是黄裳亲自创作并编辑的，其内容有“长短篇”（词）和“五七言”（诗）两类，可见是一本诗词合编的集子。虽然各自的卷数和篇数已经无可考见，但黄裳当初把它们分编成集，并准备进而将四种集子合成全帙的意图是可以肯定的。黄裳的出生要比陆游早82年，去世时陆游只有4岁。他把词收进自己的集子，无论如何也不会晚于陆游。

其二是贺铸（1052—1125）。贺铸字方回，卫州（今河南汲县）人。一直在滏阳、徐州、鄂州、亳州等地做地方小官，但博学多才，擅长诗词。尤其是他的词深婉清丽，风格多样，在士林久负盛名。据张耒（1054—1114）《贺方回乐府序》云：

> 予友贺方回，博学业文，而乐府之词高绝一世，携一编示予，大抵倚声而为之词，皆可歌也。

从序文可以看出，贺铸是将自己的词编成集子后，亲自来找张耒为他作序的。贺铸去世时，陆游还没有出生。这也足以证明，贺铸自编词集要远远早于陆游。

通过以上论述可知，章先生治学所涉猎的范围虽然比较广博，但专精的程度远远不够，知识的欠缺也很多。而且他往往喜欢对自己并不熟悉或未经深入研究的问题任意发表意见，以致屡屡出错而贻笑大方。这同一个久负盛名的“大学者”的身份显然是不相称的。我衷心希望他能够珍惜自己的令名，接受不可多得的教训，今后如有述作，应当慎之又慎，做到立论周密，言必有据，不要再犯浮躁轻率的毛病。对于过去出版的旧著，也应认真复读，将已经发现的差错一一加以订正，以免继续贻误广大的读者。

本篇注释：

①阿城、陈村等：《我们拿爱情没办法》，上海社会科学院出版社 2004 年版，第 197 页。

②章著论文和杂文集，山东友谊出版社 1998 年版。

③见《陈寅恪先生编年事辑》增订本后记。

④章培恒：《灾枣集》，山东友谊出版社 1998 年版，第 154 页。

⑤⑥⑦章培恒：《献疑集》，岳麓书社 1993 年版，第 30、184 及 206、184 及 206 页。

⑧龚建华：《中国茶典》，中国民族大学出版社 2002 年版，第 146 页。

（原载《书屋》2006 年第 11 期）

【附】

谈“自编词集”与“编词入集”
——与金文明先生商榷

《书屋》杂志2006年第9期载金文明《治古典文学者不应有的知识欠缺——读章偶得》一文,该文第四部分的小标题是:“北宋早有人自编词集,陆游根本数不上第一”,文中引了章培恒先生在接受陈村采访时所说的话:

> [对于写词]简直是认为不好的事情。所以北宋的人不把词编到自己的集子里。到了南宋,欧阳修的后代请人给欧阳修编全集,才把欧阳修的词编进去。那已经是很晚了。活人自己把自己的词编进去,是从陆游开始的,陆游的《渭南文集》里边把自己的词编进去了……

金文明接着举出两个反例,用以驳斥章培恒先生“活人自己把自己的词编进(文集或全集)去,是从陆游开始的”这一论断。一个是黄裳《演山居士新词》,另一个是贺铸《贺方回乐府》。但是这两个反例,都不能证明金先生的论点,笔者现将理由一一指出,以与金先生商榷。

首先,关于贺铸的例子。金文明引了张耒《贺方回乐府序》:“予友贺方回,博学业文,而乐府之词,高绝一世,携一编示予,大抵倚声而为之词,皆可歌也。”金氏接着说道:“贺铸去世时,陆游还没有出生。这也足以证明,贺铸自编词集远早于陆游。”的确,贺铸自编词集是早于陆游。更早的唐五代,冯延巳就已自编《阳春集》,宋嘉祐三年(1058)陈世修序有“日月既久,录而成编”之语,但这与章培恒先生的话题毫不相关。章先生是说陆游首次将自己的词编入文集中,并没有说陆游首次自编词集。“自己的集子”意谓作者的文集或全集。“北宋的人不把词编到自己的集子里”并非说北宋人不自编词集,而是说北宋人不像陆游那样自己把词编入文集里。自编词集与编词入文集或全集,这本是两个不同的问题。金文明此文的小标题是“北宋早有人自编词集,陆游根本数不上第一”,又引贺铸的例子,说明他根本没有读懂章先生的话。驳斥对方也得先弄明白对方说的是什么呀,否则就是无事生非了。

我们知道宋代词集大致可分为三种:丛刻、总集、别集。丛刻如南宋嘉定间长沙刘氏书坊刊行之《百家词》,钱塘陈氏书棚刊行之《典雅词》。总集如敦煌石窟唐人写卷本《云谣集杂曲子三十首》,后蜀卫尉少卿赵崇祚编《花间集》。而别集则又可以分两种:一种是词附见作者本集,如欧阳修《欧阳文忠公集》一百五十三卷,内一百三十一卷至一百三十三卷为“近体乐府”,王安石《临川集》一百卷,第三十七卷为“歌曲”。陆游《渭南文集》也属于此类,其卷四十九、五十为词,共一百三十首。另一种是词别出单行,如苏轼有《东坡词》,辛弃疾有《稼轩长短句》,皆于其诗文集外单行。章培恒先生所谓“把词编到自己的集子里”，即为上述别集中的第一种情况。清人编《四库全书》时从《永乐大典》中辑出宋人别集凡一百三十部，其中附词者四十四部。但这些附词的别集，从现存资料来看，并非都是作者身前自编，唯陆游《渭南文集》可以确定为其晚年手订。南宋淳熙十六年（1189）陆游作《长短句序》，嘉定十三年（1220）其子陆遹《渭南文集跋》云：

> ［陆游］尝谓子遹曰：“剑南”乃诗家事，不可施于文，故别谓“渭南”。如《入蜀记》、《牡丹谱》、乐府词，本当别行，而异时或至散失，宜用卢陵所刊欧阳公集例，附于集后。

可见陆游是模仿《欧阳文忠公集》之例，而将自己的词附于《渭南文集》中。词在宋代被视为小道，将其与诗文这种高雅文体合编，似显不类，故“本当别行”。只因将词别出单行容易散失，出于这种考虑，陆游才把词编入自己的文集。《欧阳文忠公集》已开先例，陆游跟着做，便不会冒天下之大不韪。但《欧阳文忠公集》并非欧阳修自编，“活人自己把自己的词编进［全集或文集］去，是从陆游开始的”，这句话并没说错。

其次，关于黄裳的例子。金文明引黄裳《演山居士新词·自序》：“演山居士闲居无事，多逸思，自适于诗酒间，或为长短篇及五七言，或协以声而歌之，吟咏以舒其情……”金氏接着说道：“据上序文可知，这本《演山居士新词》……其内容有‘长短篇’（词）和‘五七言’（诗）两类，可见是一本诗词合编的集子。”金文明此处举了一个诗词合编的反例，说明他似乎听懂了章先生的话，听懂了章先生是说编词入文集或全集，而非说自编词集。但是金文明此文的小标题及贺铸的例子，又表明他没有读懂章先生的话。究竟读没读懂实在令我难以确定。贺铸的例子与黄裳的例子，所说明的是两个互不相关的问题，不知金文明何以将这两个风马牛不相及的例子用在一处。而金文明说《演山居士新词》"是一本诗词合编的集子"，这也是不能成立的推论。单从集名中的"新词"，我们就可以知道这绝不是诗词合编。"新词"这个概念是不包含诗的，这是最起码的常识，宋人是不会犯这种错误的。黄裳只是在序中谈到自己的诗歌创作而已，这并不表明其《演山居士新词》就会收有诗歌作品呀。若序中谈及某种体裁的作品，则集中必收此体裁之作，金文明的这一推断以及将"新词"概念涵盖诗、词，实在古今未有、闻所未闻。

黄裳确实有诗词合编的集子，但合编以后集名叫《演山先生文集》，而非《演山居士新词》。此文集共六十卷，含诗、词、文，为其子黄玠重辑，于南宋乾道二年（1166）刻于建昌军学。然此集宋刻本已失传，现存影宋抄本和源出宋本的抄本，卷三十为词，凡五十三首。这本附有词的文集非黄裳身前所编，故而无法用来推翻章培恒先生关于"活人自己把自己的词编入"文集或全集始于陆游的论断。关于宋人词集的具体情况，读者可参阅吴熊和先生《唐宋词通论》及香港饶宗颐先生《词集考》。

（原载《书屋》2006年第11期，作者韩立平）

【附】

“新词”漫议

在《谈“自编词集”与“编词入集”——与金文明先生商榷》一文中，韩立平先生以黄裳《演山居士新词·自序》之“集”名中有“新词”，便认为“就可以知道这绝不是诗词合编。‘新词’这个概念是不包括诗的，这是最起码的常识，宋人是不会犯这种错误的。……金文明的这一推断以及将‘新词’概念涵盖诗、词，实在古今未有、闻所未闻”。

笔者向来安贫乐道，对专家学者提出的“古今未有、闻所未闻”之常识性问题，自然不愿意卷入来蹚这一浑水。我觉得做学问的常识是，要下一个结论，尤其是否定他人说法的结论，至少首先必须查一下工具书，或者上网检索一下，以避免自己在常识性问题上犯错误。其实，《汉语大词典》第六册（汉语大词典出版社 1990 年版）第 1076 页即收有“新词”条，第一个义项便是“新作的诗词”，单以诗，便引用了唐刘禹锡《踏歌词（四首）》之一、清吴伟业《题冒辟疆名姬董白小像》和民国鲁迅《赠人（二首）》之一等三处诗句例子；倒是词，却只引用了辛弃疾《丑奴儿》一个例子。原书俱在，读者自可查阅。

这里再举几个另外的例子。刘禹锡《踏歌词（四首）》之三：

"新词婉转递相传,振袖倾鬟风露前。"薛能《杨柳枝》:"数首新词带恨成,柳丝牵我我伤情。"以上均见《全唐诗》卷二十八《杂曲歌辞》。该卷及《全唐诗》卷四百四十一还收有白居易五言《小曲新词》二首;另《全唐诗》卷四百五十七又收录白居易七言《长洲曲新词》一首。宋元以降毋论,清吴嵩梁之《挽姬绿春》诗亦有"定情诗扇教随殉,谁诵新词遍九泉"语,可见"新词"并非专指"词"而兼及诗,当无疑义。

《旧唐书·李白传》云:"玄宗度曲,欲造乐府新词,亟召白,白已卧于酒肆矣。召入,以水洒面,即令秉笔,顷之成十余章,帝颇嘉之。"这里提及李白所造之"十余章"新词,似应包括人所熟知的"云想衣裳花想容"等七言绝句《清平调》三首;而所谓"乐府新词",指的是宫廷音乐机构乐府(梨园)演唱的新诗歌(歌词)了。此即《全唐诗》卷四百三十八所收白居易《读李杜诗集,因题卷后》诗中所说的"文场供秀句,乐府待新词"。这类"新词"又称"乐府新歌"、"乐府新辞",此为常识,不赘。而刘禹锡、白居易等所称所写的"新词",则是为民间曲调(民歌)所填写的"歌词",体裁还是五言或七言的诗,而不是长短句的词。

回到黄裳《演山居士新词》来。四川大学古籍研究所编纂之《宋集珍本丛刊·演山先生文集》提要云:"黄裳平生所为诗文词自编、自序数集,主要有《演山集》、《言意文集》、《长乐诗集》、《演山居士新词》等。……《长乐诗集》乃徽宗政和五年'以长乐所为词章书刻于石'。《演山居士新词》乃闲居无事时所为长短篇及五七言。"该《提要》所据所引,为黄裳自序中语。黄氏《演山居士新词·自序》所称"演山居士闲居无事,多逸思,自适于诗酒间,或为长短篇及五七言，或协以声而歌之，吟咏以舒其情……”正清楚地表明该“新词”集所收之内容包括“长短篇”的词及“五七言”的诗，而且与刘禹锡、白居易一样也是为“协以声而歌之，吟咏以舒其情”而填写的“新（诗歌）词”。至于《提要》所称“以长乐所为词章书刻于石”之《长乐诗集》中的“词章”，更清楚地表明“诗（集）”乃至“诗文（集）”均可以称之为“词章”。与“词”搭配所组成的可以泛指诗词文的语词还有许多，有兴趣者可以自行查阅有关工具书。

顺便提及，韩立平先生说到：“清人编《四库全书》时从《永乐大典》中辑出宋人别集凡一百三十部，其中附词者四十四部。但这些附词的别集，从现存资料看，并非皆作者身前自编”。何谓“并非皆”？这一未定之辞表明韩先生也拿不定是否还有那么数部不能排除其为“作者身前自编”，怎么接着又自相矛盾武断地说“唯有陆游《渭南文集》可以确定为其晚年手定”呢！看来行文遣字还是多推敲一下好，以免犯史料或语词上的常识性错误。

（原载《书屋》2006年第11期，作者万方）

博学、专精难两全

——读《范曾序跋集》札记

大约是2006年夏天吧，我在书店里买到了一部《老庄心解》。它的作者是著名的画家范曾先生。作为一位艺术高手，竟然能写出这样一部近20万字的阐发老庄哲学思想的著作，不能不使我感到肃然起敬。回家以后，便立即认真拜读。谁知刚刚翻到《老庄心解》第一章《大哉，老子之道》的第一页，就读到了如下一段文字：

> 我们在《庄子·天运》看到这样的记载：孔子去拜见老子，老子三天没有言语，因为老子是不赞成孔子积极地遍行列国而问政的。孔子的弟子们问："先生，你已见到了老子，你对他有所规劝吗？"（华东师大出版社2005年版）

读着以上的文字，心里就想，这显然是根据《庄子·天运》原文翻译而来的。正好手边有一本陈鼓应先生的《庄子今注今译》，便忽然心血来潮，想看一看范曾先生的译文是否准确贴切，于是随手翻到《天运》篇第六章，找到了那段原文：

孔子见老聃归，三日不谈。弟子问曰："夫子见老聃，亦将何规哉？"（中华书局 1983 年版，第 382 页）

读完这短短的几句话，我的眼镜差点儿从鼻梁上滑落下来。《庄子》写的明明是孔子去见老子回来，三天未曾说话，怎么到了范曾先生笔下，竟然老母鸡变鸭，变成"老子三天没有言语"了呢？翻译古书可以这样不顾原文张冠李戴，他对老子哲理的"心解"还会精彩到哪里去呢？于是我合上书本，再也没有兴趣读下去了。

可是仅仅过了一年，我对范曾先生的看法就有了很大的改变。那是 2007 年的中秋之夜，一位书法界的朋友来看我，不但带来了两盒价格不菲的月饼，而且还把自己珍藏了十年之久的一本《范曾序跋集》转送给了我。看来他对范曾先生极为推崇，特地向我介绍了这本"序跋集"在艺术和文学上的价值。朋友走后，我有感于他的盛情，便立即把赠书翻开来读了几篇，谁知一读就放不下手了。这些序跋长短不一，但篇篇文笔流畅，气韵生动，清新可诵。作者涉猎的广博，才华的横溢，评析书画艺术见解的深至和精辟，以及对于师长的由衷敬仰和对于后学的真诚奖掖，都在他的笔下得到了充分的反映。特别是下面这段自述使我深受感动：

> 我至今仍以为自己对古典文明所知甚微。近两年攻读《庄子》竟发现有不识字近四百,以此询诸今之博学鸿儒,能识出其中百字者,我愿拜其为师。(《范曾序跋集》,海天出版社 1996 年版,第 35 页。以下引文属同书者不再出书名)

作为一位在国内外名声籍甚的艺术家,这样虚怀若谷的态度,比起时下某些专门文过饰非、讳疾忌医的“文化明星”来,诚不可同日而语! 写到这里,我不能不为自己过去对范曾先生文思才情的片面看法感到深深的歉疚。

当然,我对《范曾序跋集》讲了那么多赞赏的话,并不意味着这本“艺术散文”就是完美无缺的了。众所周知,“博学”和“专精”毕竟是两个不同的概念,反映在一个人身上,往往是难以两全其美的。书读多了,而精神又专注于对其思想的领悟和艺术的欣赏上,则书中的典章制度、文史故实、字形词义等知识内涵就会经常被忽略、淡忘而导致差错的发生。我在这本仅仅 25 万字的《范曾序跋集》里已经发现了七八十处。这些看似细枝末节的东西,偶尔碰上几个确实无伤大雅,但数量一多,怎么说也会让人感到遗憾。考虑到这本“序跋集”可能会增补重版,我决定不揣谫陋,从中选取若干典型的例子,写成读书札记十则,以供范曾先生将来增订时参考。不当之处,敬请方家批评指正。

(一) 童年不能称“弱冠”

作者在《〈范曾历下吟草〉〈书法 · 诗词集〉自序》中写道:

余自弱冠即随先严学诗，十岁而诵《离骚》，十二岁背《万古愁曲》，俯仰吟哦，感慨悲怆，有不可自胜者。（15 页）

作者是什么时候随他父亲（先严）学诗的呢？他这里指明是“弱冠”。那么“弱冠”又是多大年纪呢？按照他上文所述的顺序：“十岁而诵《离骚》，十二岁背《万古愁曲》。”《离骚》是比较古奥的赋体诗歌，不会一上来就诵读，因此作者开始“随先严学诗”应当是在“十岁”以前。再看作者在另一篇《画笔荐轩辕——〈范曾画选〉自序》中说：

父亲是个规矩的读书人……解放前即使穷得揭不开锅，家中的几千册书是决不卖的……这并不妨碍我们父子兄弟吟唱“斗酒十千恣欢谑”和高歌“大江东去”。大哥、二哥都能作诗，我也跟着起哄。1945 年后，大哥到苏北游击区参加了新四军，二哥跟舅父到香港谋生，我八岁之后便孤寂地在家读书写字，时时想念我两位才情出众的兄长。（1 页）

作者出生于 1938 年。1945 年才虚岁八岁。从上述文字可知，他跟着父亲学诗“起哄”，应当早在 1945 年两位哥哥离开家乡以前。那时他还不满八岁。由此可见，在作者的脑海里，“弱冠”是指十岁或八岁以前的童年。这样的理解显然是不对的。

据《礼记 · 曲礼上》说：“二十曰弱，冠。”唐孔颖达疏：“二十成人,初加冠,体犹未壮,故曰弱也。”后来的“弱冠”一词,就是从这个语典概括而来的,用以专指二十岁或二十多岁的年龄。从未见过有人用来指童年的。

(二)这个展览会址究竟在巴黎还是台湾?

作者在《〈范曾巴黎新作展〉序》中写道:

> 来台湾展览时,故国水患日亟,忧心似焚,田园将芜,胡不归?(25 页)

初读本文标题时,我自然而然地认为,这个“范曾巴黎新作展”肯定是在法国巴黎展出的。但读到文章最后这句“来台湾展览”时,不由傻了眼:这展览会址到底在巴黎还是台湾?

当然,如果放宽了去想,这“范曾巴黎新作展”题目也可理解为作者将自己在巴黎新创作的画拿到台湾去展出。但为什么在巴黎的新作要首先拿去给台湾人饱眼福呢?巴黎和台湾在艺术上究竟有些什么因缘或瓜葛?按理说,作者应当在序文中有所介绍,但他却惜墨如金,不作片言只语的交代。这就留下了让人难以解释的谜团。

范曾先生在序中“来台湾展览时”一句下写道:“故国水患日亟,忧心似焚。”这似乎给了人一点启示。“故国”可以指祖国,也可以指他的故乡南通。据《二十世纪中国实录》一书记载,就在《范曾巴黎新作展》举办前的 1991 年夏天,中国大陆发生了一场特大的洪水灾害,受灾地区扩及十八个省区,受灾人口达到二亿二千余万。举国上下,万众一心,在党和政府的领导下,掀起了一场惊天动地、可歌可泣的抗洪救灾的殊死斗争。因此,范曾先生序中的“故国”,指的显然是饱受洪水侵害的中国大陆地区。如果他当时正在台湾参展,一般是不会称大陆为“故国”的,因为大陆和台湾本来就是一个国家。但如展览会址设在法国巴黎,那么称中国大陆为“故国”,就顺理成章了。有朋友指出,范曾先生在这篇序文最后所署的时间和地点是“1991 年秋于巴黎”,由此可以推测,新作应当是在法国巴黎展出的,序中的“台湾”二字是范先生写错了。

这个判断是否准确,我并无充分的把握,希望范曾先生今后在本书修订重版时能够为读者解开这个谜团。

(三)陆机是东晋人吗?

作者在《中国画刍议——〈范曾绘画一百幅〉序》中写道:

> 东晋陆机的《文赋》所谓“精骛八极、心游万仞”,足证诗人作赋、画家秉笔所凭籍者是九垓重霄的清逸之气。(29 页)

陆机是中国历史上著名的文学家,《文赋》也是文学史上脍炙人口的名篇。但陆机是东晋人吗?

查一下《辞海》或《辞源》就可以知道,陆机的生卒年为公元

261—303 年,而东晋王朝则始于公元 317 年。也就是说,东晋建立前 14 年陆机就已经去世了,他应当是西晋人。

顺便提一下,上面引文中的“凭籍”是个异形词,古代多作“凭藉”,“藉”字《简化字总表》规定简作“借”。“凭借”一词已经通行了几十年,现在有人就喜欢将“借”繁化为“藉”,再异化为“籍”,而本来繁体的“憑”却照样简化作“凭”。这“凭籍”一简一繁混杂使用,实在有点不伦不类,应当规范为“凭借”。

(四)荀子没有说过“苟日新,又日新”

作者在《徐悲鸿论——〈徐悲鸿画集〉(日文版)序》一文中写道:

> 徐悲鸿崇尚荀子“苟日新,又日新”的名言,他说:“彼唯以写实为方法,其智能日启,艺日新,愿日宏,志日大,沛然浩然。”(53 页)

“苟日新,又日新”这句话,确实是历史上流传已久、许多人耳熟能详的名言。但它是荀子说的吗?

荀子是战国时代著名的学者,他的言论主要集中在《荀子》一书中。经过仔细查检,荀子并没有说过“苟日新,又日新”这样的话。其实此语相传为商汤《盘铭》中的句子,转载在儒家经典《礼记·大学》中:

汤之《盘铭》曰:“苟日新,日日新,又日新。”

南宋朱熹集注说:

盘,沐浴之盘也。铭,名其器以自警之辞也。苟,诚也。汤以人之洗濯其心以去恶,如沐浴其身以去垢,故铭其盘,言诚能一日有以涤其旧染之污而自新,则当因其已新者而日日新之,又日新之,不可略有间断也。

范曾先生在引用时,脱漏了中间的“日日新”三字,又把这句名言的作者误扣到荀子的头上,确实是有点粗心的。

(五)“一丈青”不是“孙二娘”

作者在《草莽魂——孙景泉所绘〈水浒英雄谱〉序》一文中写道:

人物中若青面兽杨志、花和尚鲁智深、一丈青孙二娘、独角龙邹润、金钱豹子汤隆、火眼狻猊邓飞、船火儿张横、入云龙公孙胜,均堪称形神兼备之佳作。(76页)

凡是跟范曾先生年龄相近的文化人,年轻时恐怕很少没有看过七十一回本《水浒传》的。这最后一回中便开列着梁山一百零八条好汉的名单,其中女性只有三人,即:母大虫顾大嫂、母夜叉孙二娘、一丈青扈三娘。人们看到孙二娘这名字，马上会想起她是孟州道上开设酒店，专以蒙汗药放倒客人，做成人肉馒头出卖的婆娘，她的诨名只配叫“母夜叉”，怎么能跟“一丈青”搅和在一起呢？

（六）苏武留匈奴，不止十八年

作者在《十翼题画·〈苏公赞〉（壬戌）》一文中写道：

> ［匈奴］徙公（苏武）北海上，使牧羝（公羊）。掘野鼠去（通“弆”，收藏）草实而食之。公留匈奴凡十八载，高风如此，宜图像麒麟阁。（226 页）

作者在这里说苏武“留匈奴凡十八载”，与史实不符。据《汉书·苏武传》记载，苏武是在汉武帝天汉元年（公元前 100 年）以中郎将的身份持节出使匈奴的，直到汉昭帝始元六年（公元前 81 年）才回到京城长安，前后共计十九年。

其实关于苏武被匈奴扣留的年数，在历史上似乎早就有了定论。记得我以前读宋人罗大经的《鹤林玉露》时，曾经看到过一篇关于洪迈（字景卢，号容斋）出使金国被人作诗嘲讽的记载，文中说：宋高宗赵构绍兴三十一年（公元 1161 年），金主完颜亮率军大举南侵，在长江采石矶遭宋军阻击。完颜亮又东至瓜洲渡，由于发生兵变而被杀。明年，金主完颜雍即位，派使者前来修好。宋高宗也随即任命起居舍人洪迈为登位使前往金国报聘。过去宋、金两国交往，南宋一直处于屈辱的地位，在国书中都自称“陪臣”。洪迈此次出使想改变这种局面，同金国以平等之礼相待，结果遭到金主的断然拒绝。送往金国的表章被全部退回，南宋的自称也都被要求恢复“陪臣”二字。洪迈开始时坚决抗争，表示不同意，但金国随即派人封锁使馆，从早到晚不供给饮食，三天之后才召见他们，而且出言极为不逊。洪迈怕被扣留，只好屈服，重新按金国的要求改写表章，饮食礼遇才恢复如常。洪迈患有风疾，头经常向后轻微摆动，他在金国的表现传到国内后，当时便有人写了一首七绝来嘲讽他：

> 一日之饥禁不得，苏武当时十九秋。
> 传与天朝洪奉使，好掉头时不掉头。（《丙编·容斋奉使》）

此外民间还有另一种传闻，说是南宋都城临安有位太学生，看到了上面这首七绝以后，又把它改写成一首《南乡子》词，词的上阕写道：

> 洪迈被拘留，稽首垂哀告彼酋。一日忍饥犹不耐，堪羞，苏武怎禁十九秋？

记得解放以前，民间还流行着一首《苏武牧羊》的歌曲，开头几句是：

苏武，留胡节不辱。雪地又冰天，苦忍十九年。渴饮雪，饥吞毡，牧羊北海边……

这些历史记载和民间歌谣，都一无例外地说苏武留在匈奴共有十九年。范曾先生把它减去了一年，显然是没有根据的。

（七）吴道子至今哪有四千余年？

作者在《十翼题画·钟馗神犬》一文中写道：

平生所写钟馗累千，类皆美髯豪杰，自吴道子以还四千余年，画师之善写钟进士者，未见此面目也。（241 页）

关于吴道子画钟馗的传说，见于宋沈括《梦溪补笔谈·杂志》：

禁中旧有吴道子画钟馗，其卷首有唐人题记曰："明皇开元讲武骊山，岁□，翠华还宫，上不怿，因痁作，将逾月，巫医殚伎不能致良。忽一夕，梦二鬼，一大一小……其大者戴帽，衣蓝裳，袒一臂，鞹双足，乃捉其小者，刳其目，然后擘而啖之。上问大者曰：'尔何人也？'奏云：'臣钟馗氏，即武举不捷之士也。誓与陛下除天下之妖孽。'梦觉，痁若顿瘳，而体益壮。乃诏画工吴道子，告之以梦，曰：'试为朕如梦图之。'道子奉旨，恍若有睹，立笔图讫以进。……"

了解中国绘画史的人都知道,吴道子是盛唐末年著名的画家,曾被唐玄宗任为内教博士,在宫廷中作画,擅长画佛、道两教人物,其衣袂灵动,飘举若飞,有“吴带当风”之誉。《中国美术人名辞典》据现代学者研究,说他生于公元689年,死于公元792年,活了100多岁。即以其生年计算,至今也只有1 319年。范曾先生竟然扩大到“四千余年”,不知根据何在?

(八)这个“抚”字是什么意思?

在范曾先生的不少序跋中,经常会出现一个一般读者难以理解的“抚”字,例如:

> 《题继超弟抚娄寿碑》(80页)
>
> 他早年苦心临抚汉画像石刻。(90页)
>
> 得拜书法大家何二水、归质忱为师,心追手抚,颇悟笔法秘诀。(160页)
>
> 今写此既毕,读者咸欲抚蛇。善之相通,众生皆具。(240页)

以上四例中的“抚”字是什么意思?现在的一般读者恐怕很少有人讲得出来。“抚”在现代汉语中的常用义是抚摸、安慰等,而这里用的却是古代也十分冷僻的意义:通“摹”,即照着样子写或画。此“抚”字古代多写作“橅”、“模”、“摹”。“抚”、“橅”都以“無(无)”为声旁,而“無(无)”古读重唇音mó,所以“抚”、“橅”也读

mó。大约在宋代以后,“抚”转读成轻唇音 fǔ,于是很少有人再把它当“临摹”的意思来使用了。《现代汉语词典》和《辞海》、《辞源》修订版中都查不到“抚”字通“摹”的义项。范曾先生的“序跋集”是写给现代的读者(不限于书画家)看的,要表达“照着样子写和画”的意思,为什么不用大家熟悉的“摹”字而非要去用今人绝大多数已经不知所云的“抚”字呢?建议此书修订重版时,“临抚”的“抚”一律改成“摹”,以便当代的读者。

(九)用反了的“辍茗”和“辍读”

词语的写错和用错,在《范曾序跋集》中数量较大,限于篇幅,这里只举“辍茗”和“辍读”两个例子来说一说。

作者在《读〈元龙的血〉——〈美在耕耘〉序》中写道:

> 我有幸结识阮振铭兄于渤海之滨……在大连把酒话桑麻,在庄河辍茗论古今。(199 页)

好朋友相聚,总是一边喝茶,一边谈古论今。喝茶,写得文雅一点应当是“啜茗”。“啜”是喝,而“辍”则是停止。将“啜茗”误成“辍茗”,意思不是全反了吗?

作者在《题画诗辑 · 题〈孔尚任像〉》注②中写道:

> 孔尚任名著《桃花扇》写明末秦淮名妓李香君故事,哀艳悲怆,不忍辍读。(288 页)

李香君的故事过于悲苦,应当是让人哀伤得不忍心把它读完,文言文中经常用“不忍卒读”来表达。“卒”是终、完的意思,而“辍”则表示停止。把“卒”误成了“辍”,“不忍辍读”就是“不忍心停止阅读”,那就得一直不断地读下去。这不是又把意思说反了吗?

(十)写错用错的“美伦美奂”和“美仑美奂”

在一般的语文词典中,都会收有“美轮美奂”这样一个典故性成语。刘洁修先生编著的《汉语成语考释词典》释文写道:

> 语出《礼记·檀弓下》:“晋献文子成室,晋大夫发焉。张老曰:‘美哉轮焉,美哉奂焉。’”郑玄注:“……轮,轮囷,言高大;奂,言众多。”后来用“美轮美奂”形容房屋高大美观。(商务印书馆1989年版700页)

这里说得很清楚,“轮”指高大,“奂”指众多。“高大”“众多”往往会给人以壮美的感觉。在《礼记·檀弓》中,张老所说的“美哉轮焉,美哉奂焉”两句话,本来是专门形容新建房屋的高大美观的。因此,概括成四字结构的“美轮美奂”,其赞美的对象当然也只限于房屋。多少年来,这种意义早就在语言的运用中约定俗成,不应任人随意改变。我查检了现有成语词典的大量用例,还没有发现一条例外。

现在,让我们来看看范曾先生是怎样来理解和运用这条成语的。

首先,他在《信天游——〈邮票中的装饰世界〉序》一文中写道:

> [邮票]制作家们用他们的美伦美奂的工艺手段,把设计师的理想化为现实……(179 页)

接着,他又在《读〈元龙的血〉——〈美在耕耘〉序》中写道:

> 你用自己美仑美奂的胴体昭示千秋,使伪善的卫道者瞠目结舌……(200 页)

范曾先生在这里用到的两个形容美的成语——"美伦美奂"和"美仑美奂",显然跟"美轮美奂"同出一源,所不同的是,其原创形式中的"轮"字被范曾先生在不知不觉中换掉了:一个换成了"伦",一个换成了"仑"。"轮"本来的意思是"高大",而换上的"伦"和"仑"却是既不高也不大了。长期流传下来约定俗成的典故性成语,能这样随便乱改吗?改动的依据又在哪里呢?范曾先生的这种做法,显然是不足为训的。

除了字面改动以外,这个传统成语的形容对象也被转移和扩大了。"美轮美奂"原来是形容房屋高大美观的,被范曾先生改为"美伦美奂"和"美仑美奂"后,一个用来形容邮票制作家们的工艺手段,一个竟然用来形容女人的胴体。这两种用法,都可以算得上别出心裁却又是毫无依据的。作为一位著名的画家,范曾先生在绘画艺术和理论的探索上,确实时有创获,值得肯定;但在语言的运用方面，他却经常喜欢“自我作古”，任意书写和发挥，以致文章中出现了许多人们意想不到的差错和败笔，这是值得深长思之和认真总结的。

（原载《书屋》2008年第4期，署笔名文质彬）

究竟谁在误说？
——黄鸿森先生误咬《咬文嚼字》

今年(2007 年)第 4 期《咬文嚼字》刊有杨宏著先生的一篇短文《琼瑶误说科举》,指出了琼瑶小说中的两处差错,同时概括介绍了中国明清时代科举考试中的有关知识。6 月 11 日,有一位“长期从事文字编校工作”的黄鸿森先生挺身而出,在《中国新闻出版报》上发表了《〈琼瑶误说科举〉有误说》一文,声称《咬》刊的文章中也有误说。这一下子引起了我的阅读兴趣。

据我所知,《咬》刊自创办以来,既敢于“在太岁头上动土”,又敢于向自己“开炮”,并不讳疾忌医。我很想看看《咬》刊因何被咬。而我本人对中国科举制度的历史曾经有所涉猎,至今仍保持着浓厚的兴趣。为此,在读了《咬》刊上的杨文之后,紧接着拜读黄先生的大作,然而读完以后却大失所望。套用《中国新闻出版报》编者按上的一句话便是：黄先生“对科举制度似不甚熟悉”。他一连“咬”了几口，却咬的不是地方。

第一，关于“童试”的范围。《咬》刊文章说：“按明清科举制度，先要通过地方县、府两级的童试，成为童生后，再参加学院举行的院试。院试由学政主持，录取者即为生员，通称秀才。”黄先生说“童试”不是两级而是三级。他引用《中国大百科全书·中国历史》卷“科举制”条说：“童生要取得生员资格，必须通过县试、府试和院试，总称童试。”杨文只说“要通过地方县、府两级的童试”，把“院试”排除在外，因而成了误说。

黄先生的这种断言，可以说是只知其一，不知其二。有些历史类辞典（包括《中国大百科全书·中国历史》卷），的确有把县试、府试和院试三级考试统称为“童试”的，但这仅仅是某些学者的一家之言，其实颇有可议之处。比如著名科举史专家金铮教授便持有不同意见，他在《科举制度与中国文化》第五章中写道：“科举发展至明、清，已形成一个层次、等级、条规、名目繁多苛严的庞大体系。唐代科举仅发解试与省试两级，而明清则有童试、院试、乡试、会试、殿试五级。其中往往又分层次。”（上海人民出版社 1990 年版，171 页）金铮教授显然没有像黄先生那样，把童试说成包括县试、府试和院试三级，而是将童试和院试作为前后不同的两级考试来论述的。

这是为什么呢？因为“童试”只是要取得“童生”的资格，“表明已具备基本的文化知识和写作能力”，它和“院试”并不能完全扯在一起。在府、州的“学院”举行的“院试”，按照金铮教授的介绍，“又分为‘岁试’、‘科试’两级。岁试是每年举行的童生‘入学’考试，录取后即为‘生员’，通称‘秀才’。科试则是对已在学校的秀才进行考试，成绩优者方可参加下一级考选举人的乡试……”

可见，“院试”既和“童试”有关，又和“童试”有别。“院试”中的岁试参加的对象是童生，录取后即可入学成为生员（秀才），因此可以包括在“童试”之内。而“科试”的对象则是已经入学的生员（秀才），通过考试决定其能否参加上一级省城举行的乡试。这种“科试”怎么还能算“童试”呢？黄先生显然是上了某些辞典的当，把两级不同性质的考试混为一谈。

第二，关于“学院”的称谓。黄先生质疑说：“什么叫‘学院’？杨文说‘……再参加学院举行的院试。院试由学政主持……’句中的‘学院’一词有歧解，似为主办者，似为场所，且语义不明。《辞源》‘院试’条释作：‘清代由各省学政主持的考试，因学政又称提督学院，故名。’同书‘学政’条（三）释作：‘清代提督学政的简称，也称督学使者、学政使，俗称大宗师、学台。……各省督学统称提督学院，官名称为钦命提督某省学政。’由此可见，‘学政’虽有多个称谓，但没有称‘学院’的，所以说杨文写得不妥……”

黄先生对“学院”这个称谓否定得如此斩钉截铁，实在让人吃惊。“学政”（全称“提督学政”）怎么会“没有称‘学院’的”呢？翻开《清史稿·选举志一》，其中就明明白白地写着：“初，各省设督学道，以各部郎中进士出身者充之。惟顺天、江南、浙江为提督学政，用翰林官。……雍正中，一体改称学院，省设一人。”（3114页）

如果说正史翻检不便的话，那就查查《教育大辞典》吧。关于“提督学院”的释文是：提督学院①清代学官名。清初沿明制，直隶与江南、江北各设提学御史和提督学道，选用翰林院翰林出身者任之，故称。康熙末，各省提督学道均更名学院。……②提督学政之衙署，与抚院平行。……（上海教育出版社1998年版，1533页）

根据以上的引录可知，“学院”之名，见于正史和现代权威的专科工具书。它有两个义项，其一是清代地方文化教育行政官“提督学政”的别称；其二是“提督学政”的衙署，即办事机构。这两个义项的内涵区别分明，怎么会引起歧解呢？《咬》刊作者说：“参加学院举行的院试。院试由学政主持”。科举制度中的考试一般都是由国家机构（“衙署”）而不是行政长官个人出面组织的，这里的“学院”指的就是“提督学政”衙署，而主持考试的人则是提督学政。一清二楚，何错之有？

第三，关于参加“乡试”的资格。《咬》刊原文说：“秀才能否取得参加乡试的资格，还要看他在科试（院试的一级）中成绩是不是达到优等。”黄先生觉得这也有“可议”之处：“秀才能否参加乡试，要看科试成绩‘是不是达到优等’这一说法与史实不符。王道成著《科举史话》说：‘生员参加科试，凡名列一、二等及三等名列前茅（大省前十名，中小省前五名者），就取得乡试的资格。’可见，生员只要科试成绩较好就可参加乡试，并不需要‘达到优等’。”

被选送参加乡试者，应当是科试中成绩“达到优等”的生员，这一说法并不是《咬》刊作者凭空杜撰的。《明史·选举志一》说：“［提学官］先以六等试诸生优劣，谓之岁考（即岁试）……一、二等皆给赏……继取一、二等为科举生员，俾应乡试，谓之科考（即科试）……三等不得应乡试。”（1687页）又如《清史稿·选举志一》说：“科试一、二等送乡试。”（3117页）由此可见，在通常情况下，保送参加乡试的必须是科试中成绩达到一、二等的生员。所以金铮教授在其著作中根据以上规定概括为:“科试则是对已在学校的秀才进行考试,成绩优者方可参加下一级考选举人的乡试。”至于后来在某个时期由于特殊需要适当放宽尺度,把“三等名列前茅(大省前十名,中小省前五名者)”的生员也选送去参加乡试,那只是特例而不是常例。黄先生为了证明自己的正确,竟然撇开正史记载不谈,抓住通俗读物中的说法,在“优等”和“成绩较好”两个词语上纠缠,非要把前者定为“误说”,似乎有点强词夺理。

第四,关于“中式进士”的提法。《咬》刊作者说:“明清时所有举人均可去京城参加会试……会试取中者为中式进士,第一名称会元。会试后所有中式进士均参加殿试……”黄先生则认为“‘中式进士’一词,未见于史书”,自然这又成了误说。对于黄先生的这种质疑,我想反问一句:“中国的史书汗牛充栋,浩如烟海,你黄先生没有见过的称呼,就一定不存在吗?”为了解开他心中的疙瘩,我在这里引一条清代学者的书证。俞樾(1821—1907)《曲园杂纂》卷三十八《小浮梅闲话》:“明珠之子何人也?余曰:明珠子名成德,字容若。《通志堂经解》每一种有纳兰成德(容若)序,即其人也。恭读乾隆五十一年(1786)二月二十九日上谕:‘成德于康熙十一年(1672)壬子科中式举人,十二年(1673)癸丑科中式进士,年甫十六岁。”

这段引文中摘录的乾隆皇帝的“上谕”(圣旨),就提到纳兰成德既“中式举人”,又“中式进士”。这两个称谓都不是专名。“中式举人”就是“考中举人”,“中式进士”就是“考中进士”。黄先生说:“‘中式进士’一词,未见于史书。”不知道这条清人笔记转录的乾隆上谕,能不能让他改口。

第五，关于会试中式的人殿试以前能否称为“进士”。黄先生说：“会试中式者，明代无任何称谓，清代则给予‘贡士’头衔……会试中式者必须参加殿试后才能得到进士称号。”为了证明自己观点的正确，黄先生还特地引用《明史·选举志二》说：“［会试］中式者，天子亲策于廷，曰廷试，亦曰殿试。分一、二、三甲以为各第之次。一甲止三人，曰状元、榜眼、探花，赐进士及第。二甲若干人，赐进士出身。三甲若干人，赐同进士出身。”

在这段来自正史的引文中，谈到了三甲的等次及其称谓。这些称谓，最初确实是在通过殿试以后由朝廷公布确认的。黄先生根据正史说话，显得理直气壮。但他似乎并不了解，从北宋开始，直至明、清两代的朝野之间，人们早已把会试中式的人习惯地称为“进士”了，无需等到殿试以后。《咬》刊作者的说法完全站得住脚。

大家知道，唐代的科举考试只分两级，中央一级的考试叫省试（由尚书省礼部主持），还没有殿试。殿试是在北宋初年由宋太祖创设的。开宝八年（975），在省试以后举行的殿试中，有不少省试取中的考生被黜落了。这些失意的士子，有的贫无所归，导致轻生自杀；有的甚至愤而投敌，鼓动西夏军队连年入侵宋朝，闹得边境不宁。为此，宋仁宗在嘉祐二年（1057）正式下诏：从今以后，“进士与殿试者皆不黜落”。（《燕翼诒谋录》卷五）这项规定，明、清两代承袭了下来，所以金铮教授在《科举制度与中国文化》的第三章中说：“此后举人通过省试（明、清称会试）后，就算稳拿进士，殿试时只排列名次之差。”参加会试中式的人，只要参加了殿试，哪怕考了第三甲的最后一名，也还能得个“同进士出身”。因此到了后来，只要是会试中式的，人们也就习惯上称他们为进士了。就拿上面所引《燕翼诒谋录》那句话来看:“进士与殿试者皆不黜落。”“进士与(yù)殿试者”就是“参加殿试的进士”。殿试还没有结束,是否中式还不知道,《燕翼诒谋录》的作者不是已经提前称呼他们为“进士”了吗?

最后,再举一个清光绪二十四年进士傅增湘(1872—1949)的例子。傅先生是著名的藏书家和目录学家,他在《清代殿试考略》一书中,记叙自己当年参加殿试的经历时写道:“新进士入殿,皇帝亲临,经过一系列繁琐的礼仪后,礼部散发试题,进士跪受,各就试桌对策……”你看,这里叙述的分明是殿试之前和正在进行时的情景,但应试的人却都已被称呼为“进士”和“新进士”了。读了这段记载,我们是认同当年亲历过殿试的傅增湘先生的生活实践呢,还是跟在黄先生后面一起指摘他滥用“进士”的称谓呢?读者自会得出结论。

(原载《咬文嚼字》2008年合订本《后记》,署名秦璜)

学者风范

——朱维铮教授的一封信

打开 3 月 11 日的报纸,读到“著名历史学家朱维铮教授逝世”的消息,悲痛的热泪早已涌满了我的眼眶。

我与维铮兄是同年(1936)出生,已经有了三十多个春秋的交往,一向把他看作我学术上的引路人。这种亦师亦友的关系,使我对他十分尊崇和亲近。抚今追昔,一幕幕令人难以释怀的往事,犹如电影一样在我的眼前不断映现。

我是 1972 年春天从上海少年儿童出版社调到辞书出版社参加新版《辞海》修订工作的。一下子面对大量古代儒家经典的训诂资料,我感到非常吃力。当时周予同先生主编的《中国历史文选》成了我极好的自学读物。尤其是其中大量的注释,既详尽确切,又深入浅出,对于我理解词语和典故的意义很有帮助。有些注释,我几乎逐条查检原书，寻根究底，对照理解，从中揣摩两者的异同，领悟治学的方法。我后来撰写的《金石录校证》一书，虽然考释的路子与《中国历史文选》并不完全相同，但探究学问的根底和综合分析的能力还是通过这部书的学习而奠定的。有一次，听出版社的朋友告诉我，此书的注释，其主要撰写人是朱维铮教授。从此我便对这个名字肃然起敬，希望能有机会结识他，向他当面请教。

李媛　绘

经过几年编辑实践的锻炼，我有了独立确定出版选题的资格。1970年代末，由我执编的第一部重要书稿《史记辞典》决定上马。我想到的唯一主编人选就是朱维铮。经过登门邀请，介绍此书的总体设想和编写要求，维铮兄爽快地答应了下来，并立即着手组织编写班子和进行资料准备工作。从此也开始逐步建立起我同他的真诚的交往和友谊。

1984年7月，经他整理点校的《章太炎全集》第三卷（内容包括《訄书》初刻本、《訄书》重订本和《检论》）由上海人民出版社出版了。该书共四十七万五千字。我得到社里的赠书以后，借来浙江图书馆藏等善本，花了十来天工夫，从头至尾校读了一遍，发现共有二十三处可以斟酌和修改的地方，特地逐条引证资料写成一封长信寄给他。其中多数问题，可能是排印失误出的毛病，如："已"误排成"己"，"祒"误排成"祒"，"辙迹"误排成"彻迹"，"菟

裘”误排成“菀裘”,《尔雅》脱漏了书名号等。但是,确实也有少量属于疏漏而造成的知识性差错。请看以下三例:

(一)《訄书》初刻本《儒兵》第六:“君子曰:黠而愚!偶差智,故而騃。”

这里的“偶差智,故而騃”断句有误。此句的出典在《淮南子·原道训》:“所谓人者,偶䁟智故,曲巧伪诈,所以俯仰于人世而与俗交者也。”“偶䁟智故”即“偶差智故”,四字相连,不能断开。何宁《淮南子集释》引刘台拱云:“‘偶䁟’未详,字书无‘䁟’字。孙卿(即荀子)《君道篇》‘天下之变,境内之事,有弛易齵差者矣’……言人情物态齺齵不正,参差不齐也。又《本经篇》‘衣无隅差之削’……‘隅差’与‘偶䁟’声义相近……‘隅差’即‘偶䁟’之意。”又引苏舆云:“《淮南》‘隅䁟智故’之‘隅’,字或作‘偶’,衣邪谓之‘隅䁟’,人邪谓之‘偶差’,声义并近矣。”这里的“偶䁟”与《訄书》中君子所说的“偶差”都是“邪曲”的意思,通俗一点说,就是搞歪门邪道。又”智”“故”二字,意义相近,经常相对并称或连用。相对并称之例,如《管子·心术》云:“恬愉无为,去智与故。”《庄子·刻意》云:“去知(智)与故,循天之理。”颜昌峣《管子校释》认为这两处的“故”字都应注为“巧”。“智”与“故”意义相近。连用之例,如《淮南子·原道训》前文云:“夫镜水之与形接也,不设智故,而方圆曲直弗能逃也。”又《淮南子·览冥训》云:“道德上通,而智故消灭也。”这两处,汉代高诱对前者注为:“智故,巧饰也。”对后者注为:“智故,巧饰也。”由此可以确证,“智故”连用,就是伪装取巧的意思。因而《訄书·儒兵》中君子所说的两句话,应当标点为:“黠而愚,偶差智故而骙。”大体可串讲为:有些人看上去聪明狡猾,其实是愚笨的;有些做法看上去要尽手腕,伪装得非常巧妙,实际上傻得可以。

(二)《检论·诗终始论》:“章炳麟曰:六代之乐,孔子独美《韶》、《武》,岂以《云门》、《咸池》、《夏濩》而非哉!”

这里先讲“六代之乐”,后面却举了五部古乐的名称,“六”与“五”对不上,可能乐名有误。经查,《韶》为舜乐,《武》为周武王克商之乐,《云门》为黄帝之乐,《咸池》为尧乐。“夏濩”无此乐名,应一分为二,《夏》为夏禹之乐,《濩》指《大濩》,为商汤之乐。这样,黄帝《云门》,尧《咸池》,舜《韶》,夏禹《夏》,商汤《濩》,周武王《武》,加起来正好六代六部古乐。

(三)《检论·原教》:“《春秋传》称‘天未绝晋,必将有主’。主晋祀者,非君而谁?”

从以上标点来看,似乎《春秋传》的引文只有“天未绝晋,必将有主”八个字。所谓的《春秋传》,其实包括《左传》、《公羊传》、《穀梁传》三种传文。这里指的应当是《左传》。查一下《左传·襄公二十四年》,其中所记介之推回答晋文公的话是:“天未绝晋,必将有主。主晋祀者,非君而谁?”因此,《检论》这里的后引号应当移到“非君而谁”的问号后面去。

以上三例,都是《章太炎全集》第三卷中确凿无疑的标点断句错误。当然,发现这些问题,并不足以说明我的古文功底有多深。《章太炎全集》中的古字、怪字、僻字特别多,而且原本还有不少错字。第三卷共四十七万五千字。维铮兄要在短短的几个月中,在没有任何注释可供参考的情况下,把它分段分句标点,其难度是可想而知的。我当时担任《辞海》语词分册和《汉语大词典》的责编已达八年之久，因为工作的需要，经常反复查检先秦两汉古籍的原文，对许多成语典故的出处可以说耳熟能详。一旦感到文字有误，立即能翻检原书或通过索引等工具书把它查检出来。类似上述三例的差错，在《章太炎全集》第三卷中最多不超过十处，即使加上排印的错字，一共只有二十三处。按照国家的规定，凡差错率超过全书总字数万分之一的才算不合格产品。维铮兄此书总字数为四十七点五万字，二十三处差错，其比例在万分之零点五以下，完全应当归在良好之列。我把自己发现的问题反映给他，完全是为了让他在今后再版时加以修订改进，使这本书能够精益求精，锦上添花。

让我没有想到的是，维铮兄在收到我的去信以后，竟然花了整整三天时间，逐条覆核查检了我提出的意见，随即给我写了一封情真意切的回信，表明了他对待学术批评的态度。现将该信的有关内容摘录如下。

文明兄：

六日手教拜读。上月底您驾临寒舍，未能躬迎，歉甚。您的关注已由陈维转达，至感。

……

拙校《章太炎全集》第三卷，出版至今，尚未得到专家指正。实则中间确有校点错误。当时手头事情甚多，工作时断时续，兼以藏书不足，有时想检查，被它事打断，久之又忘了，故于故典常凭记忆，于近典又时逞胸臆，大悖考据准则，出错只可说咎由自取。印出后偶尔翻阅，已发现好几处，每见辄为汗颜。少数误字及标点疏漏，在校样上已改，印出误漏如故，也无可如何。由于全集一、二、四、五卷校点错误颇多，尤以一、二卷为甚，均有专家作文予以批评，而三卷独无，故六月在杭州章太炎讨论会上，谬承与会学者夸奖，当时即倍感惶惑，逢此即声明三卷仍有错误，希望批评。

因而今得吾兄详予批评，读后欣喜异常。所指二十三则纰缪，均属事实。《儒兵》“偶差智，故而骙”，句读确误，当依尊示据《淮南子》改正。《正名略例》“蒲姑东土，奄君之号”，在点《检论》时查了书，但未及将《訄书》中改正，暴露确有据胸臆乱点的问题。《明群》、《原教》引号错误，即为凭记忆引书所致。《独圣》、《易论》两条错误，也是未细核查所致。凡此得尊示指示，惶愧之余，无任感激。它如校误、刻错之处，前此已有发现，但尊示指出处较我已发现者尚多四处，足见我复读自己校点本亦颇粗心，得您如此细心一一予以指出，令我极为感动。

我自己发现的尚有数处，有的是当时没把握，应断未断，但也有明显不当处，仓促不及翻出标识处，仅录一条呈正。《独圣上》(P.102,5、6行)：“非申无明万物之自鼓舞者，然也。”“无明”下应加逗号，“者”下逗号应取消，否则不符原意。

总之，对您的指正，除感激外，只能引咎自责。此书出版，虽较它卷谬误为少，但于读者来说，有一谬误，倘不加辨正而引用，即致“谬种流传”。故而在我于心至为不安。鉴于此书再版不知何日，因此建议您将尊示“随记”著文发表，以将高见公诸读者，帮助我改正错误，未知俯允否？至盼有暇对拙稿予以指正，再次申谢。（倘尊示未留稿，祈示知，当璧还改作。）

专此奉覆，顺颂

文安！

弟朱维铮谨上

九月十夜

读完这封并不太长的复信，我的心里不能不感受到强烈的震撼！作为一位久负盛名的学者，当自己的新著被别人指出了一些难以避免的差错时，他首先想到的是深深的自责。即使是其中一处排校上的疏漏，他都说成为“谬种流传”。为了补救对读者造成的不良影响，他甚至建议我将这些意见“著文发表”，帮助他“改正错误”。这种发自肺腑、真挚恳切的话语，怎么能不让我深受感动呢！

后来，我因事去看望维铮兄，他留我在家吃饭，并亲自下厨为我炒了几个好菜。在促膝倾谈中，他还当着两位学生的面一再敦请我将这些意见撰文发表。这使我不由想起了一位诗人的名句：“心底无私天地宽。”正好拿来作为对他的评价。我当时是这样回答他的：我既然把发现的问题和意见全部告诉了您，我的任务也就完成了。待此书重版修订时，这些意见可供参考，至于写文章发表我看没有必要了。

1981 年下半年,维铮兄与姜义华教授合作编写出版了《章太炎选集》(注释本),其中涉及的一些过去标点差错的地方,都一一作了改正。

时间很快过去了二十多年,我和维铮兄都已年过古稀。大约是在 2009 年吧,上海出版博物馆的同志了解到我和维铮兄的这段往事,特地来到我家,要我把维铮兄的这封复信原件赠送给他们,供陈列纪念之用,并请我为《出版博物馆》杂志写一篇专稿供其刊发。他们对我说:"已经先约了朱维铮先生写,他还是回答:你们应当请金先生写,他最合适。"我考虑再三后告诉他们:"信可以拱手相赠,文章待以后再说。要写的话,也应当写他对待批评的高风亮节。"

现在,维铮兄永远离开我们了。报纸上连续发表了不少反映他治学严谨和为人处世高尚风范的文章。联想起几年前我对一位文化明星散文中一百多处低级文史差错所提意见遭到断然拒绝和冷嘲热讽的情景,不禁感慨系之。像维铮兄这样一生沉潜于古代文史哲经领域的学养深厚、众望所归,而又能严以律己、从善如流的学者,现在可说是少之又少了。为了使这种学者应有的高尚风范长存人间,有必要乘此机会将其回忆整理出来,公之于世,这也可以说是对维铮兄的最好赞颂和纪念。于是,我便花了整整两天时间,含着热泪,写下了这篇刻骨萦心的文字。

(原载 2012 年 3 月 18 日《东方早报》第 13 版"上海书评")